BASTEI
LÜBBE
TASCHENBUCH

MATHIAS KOPETZKI

# BOMBEN-STIMMUNG

## Wenn alle denken, du bist der Terrorist

BASTEI LÜBBE
TASCHENBUCH

BASTEI LÜBBE TASCHENBUCH
Band 60 956

Dieser Titel ist auch als E-Book erschienen

FSC
www.fsc.org
MIX
Papier aus verantwortungsvollen Quellen
FSC® C083411

Originalausgabe

Textredaktion: Anne Büntig
Umschlaggestaltung: ZERO Werbeagentur, München, unter Verwendung von Illustrationen von © FinePic®, München
Satz: Urban SatzKonzept, Düsseldorf
Gesetzt aus der Utopia
Druck und Verarbeitung: CPI books GmbH, Leck – Germany
Printed in Germany
ISBN 978-3-404-60956-7

2 4 5 3 1

Allen Migrationsvordergründigen –
die unsere Gesellschaft erst zu dem machen,
was sie ist

Details und Personennamen (bis auf den des Autors) sind zum persönlichen Schutz geändert.

# INHALT

*»Bombenstimmung, es herrscht Bombenstimmung!*
*In der ganzen Welt wird der Countdown gezählt!*
*Vorsorglich evakuiert: jede Bahnhofshalle.*
*Wenn sie denn explodiert, klatschen draußen alle!«*

Die Toten Hosen, 1986

*»Ich habe nichts gegen Fremde. Einige meiner besten Freunde sind Fremde. Aber diese Fremden da sind nicht von hier!«*

Methusalix in »Asterix – Das Geschenk Cäsars«

# PROLOG

»Der Besitzer des schwarzen Rucksacks bitte dringend in Wagen vier! Ich wiederhole: Der Besitzer des schwarzen Rucksacks bitte dringend in Wagen vier!«

Gerade sind die Kidneybohnen in meinem Chili con Carne so weit abgekühlt, dass ich mir die ersten langsam zwischen die Zahnreihen schiebe, als ich mich über den seltsamen Aufruf, der nicht zum ersten Mal durch die Lautsprecher des ICE-Restaurants dröhnt, zu wundern beginne.

Hmm, überlege ich, während ich vorsichtig vor mich hin kaue. Was kann es wohl mit diesem schwarzen Rucksack auf sich haben? Vielleicht ein Baby, das darin schreit? Eine klebrige, undefinierbare Flüssigkeit, die aus ihm herausrinnt und mit ihrem Gestank den Waggon verpestet?

Ich sehe mich um. Überall, selbst hier im Bordrestaurant, stehen Gepäckstücke. Auf den roten Ledersitzen, zwischen die angenieteten Tischpfosten geklemmt oder in der spärlichen Kleiderecke an der Durchgangsschiebetür.

Es sind nicht viele, im Vergleich zu der Anzahl an Leuten, die hier sitzen, denn die meisten Fahrgäste, die zum Essen herkommen, lassen ihre Koffer, Taschen, Rucksäcke an ihren ursprünglichen Plätzen, zu denen sie nach Einnahme des Mahles dann ja auch wieder gehen werden.

Genau so, wie ich das vorhabe, falls ich irgendwann mal gesättigt sein sollte – was bei den mickrigen Portionen hier allerdings nicht ganz einfach ist.

Zumindest muss ich mir keine überflüssigen Gedanken machen: Mein eigener Rucksack steht ruhig und umsorgt in einem prall gefüllten Sechserabteil, mit anderen Gepäckstücken und deren Herrchen und Frauchen.

Ich habe ihn auf meinem Sitz stehen gelassen, wie man im Urlaub am Pool sein Handtuch auf der Liege hinterlässt – als Zeichen dafür, dass der Platz besetzt ist –, bevor ich mich zum Essen aufgemacht habe.

Was also kann einen Zugbegleiter dazu veranlassen, den Besitzer eines Gepäckstückes in regelrechter Panik mehrmals auszurufen?

Ist es etwas Ernstes? Hat man es ticken gehört, den schwarzen Rucksack langsam geöffnet und eine Bombe entdeckt? Oder ist sie in Wagen vier bereits detoniert, und wir hier hinten haben nichts davon mitbekommen? Meine Fantasie schlägt seltsame Kapriolen.

Während ich die mit Chili aromatisierte Tomatensauce schlürfe und sogleich mit einem Schluck Apfelschorle nachspüle, frage ich mich, wieso ich mich denn überhaupt mit solch unnützem Kram befasse?

Vielleicht, weil mein Rucksack auch schwarz ist und ich mich frage, was passieren würde, wenn mit dem irgendetwas nicht stimmte.

Oder, weil ich parallel die ganze Zeit überlege, wie eigentlich die Nummer MEINES Waggons lautet, in den ich mich höchst improvisiert, ohne Reservierung, und das an einem Sonntagnachmittag, gequetscht habe, überglücklich, nach minutenlangem Ablatschen der Abteilgänge überhaupt noch irgendwo einen freien Sitzplatz gefunden zu haben. Die Wagennummer habe ich mir natürlich nicht gemerkt.

Plötzlich stutze ich und die Portion Hackfleisch, die ich gerade auf meinem Löffel zum Mund bewege, verharrt auf halber Strecke. Könnte es sein, dass ...?

Langsam, ganz langsam senkt sich der gefüllte Löffel wieder in die rotbraune Pfütze auf meinem Teller. Ich höre auf, zu kauen, erhebe mich nahezu in Zeitlupe von meinem Ledersitz, fokussiere meinen Blick stur in die Richtung, aus der ich vorhin gekommen bin, und beginne, wie eine Marionette, die von unsichtbaren Fäden geführt wird, einen Schritt vor den anderen zu setzen.

»Komme gleich wieder«, raune ich noch dem gestresst wirkenden Mitarbeiter hinter der Theke des Bordbistros zu und spüre, dass meine Schritte schneller werden, sekündlich schneller, und sich meine Glieder anspannen. Ich habe da so eine Ahnung.

Ich durchkämme Wagen für Wagen, in denen nicht wenige Kunden mit ihrem Gepäck bereits auf den Gängen sitzen und es sich mit Büchern, Laptops und Thermoskannen mehr schlecht als recht gemütlich machen. Doch das kümmert mich gerade nicht.

Zum vierten oder fünften Mal erschallt jetzt diese Durchsage.

Sie dringt aus den Deckenlautsprechern, in immer nervöser wirkendem männlichen Befehlston, und sorgt dafür, dass sich mein Rücken zusammenzieht: »Schwarzer Rucksack«, vernehme ich, dumpf und entfernt wie in einem bösen Traum, »dringend« und »Wagen vier«.

Mehr und mehr beginnen mich die Worte zu irritieren. Ja, Wagen vier, ich weiß es mittlerweile. Gleich bin ich auch da!

Natürlich habe ich längst begriffen, dass es sich nur um mich handeln kann, um MEINEN Rucksack, mit dem etwas nicht in Ordnung ist. Irgendetwas läuft da also gehörig schief mit meinem Rucksack, da stimmt irgendwas nicht, doch Herrgott Sakrament: ICH WEISS NICHT, WAS!

In meinem Magen beginnt es plötzlich zu grummeln. Liegt es am unverdauten Chili con Carne?

Langsam kann ich meine Gehirnwindungen nicht mehr kontrollieren, sie konstruieren die wildesten Fantasien, Rucksackfantasien: Hat man ihn gestohlen? Und meine Sitznachbarn, die das aus irgendwelchen Gründen nicht hatten verhindern können, haben es beim Schaffner angezeigt? Ist ein Eimer Farbe auf der Gepäckablage umgekippt und hat sich über ihm entleert?

Ich schlage mir an die Stirn, um diese verrückten Gedanken loszuwerden. Doch das gelingt nicht. Je mehr ich es versuche, desto stärker werden sie.

Gerade überlege ich, ob etwa ein Kampfhund ins Abteil eingedrungen sein könnte und ihn zerrissen hat, als ich auf dem kleinen Wandmonitor im Gang die Ziffer vier entdecke.

Jetzt kommt mir auch einiges bekannt vor, der geparkte Kinderwagen an der Ausgangstür zum Beispiel und einige der Gesichter in den Sechserabteilen, an denen ich vorbeieile. Ich erkenne die hübsche Asiatin mit dem roten Sommerkleid wieder, die vorhin noch so schön gelacht hat. Nun hat sie den Kopf ans Fenster gelehnt und schläft. Oder der Späthippie mit dem Kamasutra-Buch in der Hand, das er immer noch liest.

In diesem Wagen habe ich nach dem Einstieg meinen Sitzplatz gefunden – und nun die furchtbare Gewissheit, dass der ausgerufene Rucksack tatsächlich meiner ist!

Hah! Durch die Glastür eines Abteils sehe ich den Schlipsträger mit dem Schnurrbart, der mir gegenübersaß. Abrupt stoppe ich, endlich angekommen an meinem Ziel, und öffne mit einem Ruck die Schiebetür.

Da tippt mir jemand an den rechten Oberarm. Ich fahre herum. Es ist der Zugbegleiter, ein junger Mann, höchstens dreißig, in blauer Uniform, mit zurückgegeltem, dunkelblondem Haar.

Als er zu sprechen beginnt, weiß ich, dass es sich bei ihm um den Ausrufer der Durchsage handelt.

»Jetzt sagen Sie bloß, Sie sind das!«, sagt er.

»Scheint so«, erwidere ich, ohne genau zu wissen, was er meint.

»So gefährlich sehen Sie ja gar nicht aus.«

Ich stutze. »Wie bitte?«

Er geht auf meine Frage nicht ein.

»Gehört Ihnen der Rucksack da drinnen?«

Ich blicke durch die Glastür ins Abteil und entdecke meinen schwarzen, bis ins letzte Luftloch ausgestopften 60-Liter-Rucksack – den ich gerne »Ziehharmonika-Rucksack« nenne, weil er eine ähnliche Dehnbarkeit besitzt. Er steht unverändert auf meinem Sitzplatz, direkt neben dem Gangfenster. Genau so, wie ich ihn vor etwa einer halben Stunde verlassen habe. Ohne Farbkleckse, unzerrissen und nicht gestohlen.

Ich atme auf. Meine schlimmsten Befürchtungen haben sich nicht bewahrheitet. Doch was, verdammt nochmal, ist DANN mit ihm los?

»Richtig«, nicke ich dem Zugbegleiter zu. »Das ist mein Rucksack. Stimmt was nicht mit ihm?«

»Nein, nein«, winkt er ab. »Es war nur eine ... blöde Vermutung.«

»Vermutung?« Langsam steigt wieder Nervosität in mir auf. »Was meinen Sie? Von wem? Über was?«

Er windet sich etwas, sucht vermutlich nach den richtigen Worten. Dann hat er sie gefunden: »Ihre Sitzgenossen haben sich Sorgen gemacht.«

Er weist mit der Hand ins Abteil, als würde er den Menschen darin sagen wollen: »Jetzt seid IHR dran! Ich hab meinen Teil erledigt.«

Mein Blick folgt seiner Geste.

Das Rentnerpärchen sitzt noch an den Fensterplätzen, daneben eine junge Mutter mit einem etwa zehnjährigen Sohn ihr gegenüber und schließlich der Schlipsträger mit dem Schnurrbart.

Der erhebt auch gleich seine Stimme: »Wie kommen Sie dazu, diesen Rucksack so lang allein dort stehen zu lassen?!«, fährt er mich an.

»Bitte?«

Einen Augenblick lang denke ich, ich hab mich verhört. Wie redet denn dieser Kerl mit mir?

»Wo hätte ich ihn denn sonst stehen lassen sollen?«

»Wir alle haben uns Sorgen gemacht!«, entgegnet er mir in deutlich schärferem Ton.

»Um den Rucksack?«

»Nein, um uns«, erwidert der Rentner mit Mönchsglatze am Fenster mit gesenkter Stimme.

»Man hört ja so manches«, pflichtet ihm die grauhaarige Dame mit dem Topfschnitt bei, in einem leicht leidenden Singsang, vermutlich seine Ehefrau.

»Ich weiß nicht, was Sie meinen«, fällt es aus meinem Mund.

»Müssen wir noch deutlicher werden?«, mischt sich nun auch die junge Mutter ein, setzt sich aufrecht hin und schiebt ihre Brille auf die Nasenspitze.

Dann hebt sie die Hand und zählt mit den Fingern sämtliche Indizien ab, die vermutlich gegen mich sprechen sollen: »Sie sind hier bei der Abfahrt reingekommen, haben kein Wort gesprochen, sahen, um ehrlich zu sein, ziemlich finster aus, haben den Rucksack abgestellt und sind wieder rausgegangen. Da müssen wir uns doch Sorgen machen!«

»Aber ...«, stammle ich. »Sorgen worüber?«

»So versuchen Sie doch, zu verstehen«, probiert es jetzt wieder der Zugbegleiter und unterstreicht seine Worte, indem er mit den Händen ein wenig in der Luft rudert. »Diese Menschen haben Angst um ihr Leben gehabt und mich daher verständigt: Eine verdächtige Person habe einen Rucksack in ihrem Abteil deponiert und sei dann eiligst weggegangen.« Er holt tief Luft: »Wären Sie jetzt nicht gekommen – ich hab die Durchsage immerhin schon vier Male gemacht –, hätte ich bei der nächsten Station das Gepäck mithilfe der Bundespolizei und eventuell auch von Spezialisten entfernen lassen. Aus Sicherheitsgründen.«

So ganz ist mir die Sache immer noch nicht klar. Ich ziehe die Stirn zusammen und versuche, das Gesagte in einen für mich logischen Zusammenhang zu bringen.

Doch das fällt mir nicht leicht. Was bitte sehr haben sich diese besorgten Bürger denn da gedacht? Was ist in sie gefahren?

Nur einmal angenommen, ich würde den ICE wirklich in die Luft sprengen wollen, aber mich vorher in Sicherheit bringen – würde es mir nützen, wenn ich mich bei der Detonation noch im Zug befände?

Und wäre ich tatsächlich einer dieser berüchtigten Selbstmordattentäter: Warum bliebe ich nicht gleich bei meinem Rucksack sitzen?

Und die wichtigste Frage: Wie kommen diese Leute überhaupt darauf, dass ich »verdächtig« wirke?

»Sicherheitsgründe? Verdächtige Person?«, versuche ich, zu folgern, indem ich mir die Worte des Zugbegleiters auf der Zunge zergehen lasse. »Was zum Teufel ist hier eigentlich los?«

»Stellen Sie sich doch nicht so blöd!«, weist mich der freundliche Schnurrbartträger zurecht. »So ein Ding kann hochgehen!«

»Hochgehen?«, stammle ich. »Mein Rucksack?«

Er blickt mir tief in die Augen, vermutlich, um mir mit äußerster Eindringlichkeit zu verdeutlichen, welche Ängste er gerade wegen mir ausgestanden hat.

Anschließend versucht er, mich mit einem Lächeln zu beschwichtigen – scheinbar hat er mir verziehen: »Jetzt sind Sie ja da, Sie sprechen fließend Deutsch, wir müssen keine Angst mehr haben, und alles ist gut. Aber Vorsorge ist halt besser als Nachsorge.«

Langsam fasse ich mich wieder.

»Ist es strafbar, sein Gepäck nicht mitzunehmen, wenn man was essen geht?«

»Nein, das nicht«, stammelt jetzt der Zugbegleiter. »Aber Sie müssen doch verstehen …«

»Nein, das tue ich nicht!«, werde ich auf einmal laut, weil mir die Absurdität dieses ganzen Affentheaters plötzlich in vollem Umfang bewusst geworden ist.

Mit einer zackigen Handbewegung hieve ich den Rucksack vom Sitz und schwinge ihn auf meinen Rücken. Hier, das wird mir in diesem Moment klar, bleibe ich keine Sekunde länger. Und mein armer, zu Unrecht verdächtigter Rucksack auch nicht.

»Sie hätten eigentlich nachschauen können«, rufe ich zum Abschied ins Abteil. »Ist eh nur Dreckwäsche drin!« Und zum Zugbegleiter gewandt: »Wissen Sie, was ich in Zukunft mache? Ich werde auf meinen Rucksack ein Schild kleben mit der Aufschrift: NEIN! IM INNEREN DIESES GEPÄCKSTÜCKS BEFINDET SICH KEINE BOMBE! OBWOHL DER BESITZER DANACH AUSSIEHT!«

Anschließend hebe ich die Arme und verabschiede mich endgültig mit einem leidenschaftlichen »Allahu Akbar!« von meinen besorgten Sitznachbarn, bevor ich mich zu meinem mittlerweile wohl wieder tiefgefrorenen Chili con Carne ins Bordrestaurant aufmache. Diesmal allerdings mit Gepäck.

Das alles hat sich abgespielt im Herbst des Weltmeisterjahres 2014. Pegida steckte noch in den Kinderschuhen, die AfD kümmerte sich um die Reanimation der D-Mark und die Anschläge von Paris, Brüssel, Ansbach oder dem Berliner Breitscheidplatz befanden sich noch in weiter Ferne.

Und trotzdem waren solche und ähnliche Vorkommnisse schon damals in meinem Leben keine Seltenheit – wenn sie auch nicht so häufig vorkamen, dass ich aufgehört hätte, mich über sie zu wundern.

Aber eigentlich IST es verwunderlich. Ich bin so deutsch, wie man nur deutsch sein kann. Meine Heimat ist ein kleines Städtchen in der Nähe von Oldenburg, bis zu meinem achtzehnten

Lebensjahr war ich nie im Ausland, ich spreche so dermaßen Hochdeutsch, dass ich noch nicht einmal einen Dialekt beherrsche.

Ich bin katholisch, war jahrelang sogar Messdiener, und ich habe mein Abitur an einem katholischen Privatgymnasium gemacht. Meine deutschen Eltern heißen Maria und Helmut, meine deutschen Brüder Steffen und Axel. Ich habe Onkel und Tanten mit den Namen Rudi, Reinhard und Helga.

Und doch ist da etwas, was mich mein ganzes Leben lang von einem »echten« Deutschen unterscheidet. Es ist eine Winzigkeit. Im Grunde könnte sie keine Rolle spielen.

Es wäre schön, wenn sie keine spielte. Aber in einem Land, in einem Europa, das in Angst lebt vor Anschlägen, Überfremdung und einer mittelalterlich anmutenden Religion scheint diese Winzigkeit entscheidend zu sein. Und das nicht erst seit gestern.

# TRAUMHAUS UND GLUPSCHAUGEN

Ich war fünf Jahre alt, als Steffen mir die Unschuld raubte.

Er ließ keinen Stein auf dem anderen, und hinterher (um es mal pathetisch auszudrücken) war so ziemlich gar nichts mehr wie zuvor. Aber das begriff ich erst einige Zeit später.

Wir schrieben das Jahr 1973, und Steffen, mein zehnjähriger Bruder, war schlecht gelaunt. Er hatte sich mit seinen Freunden gestritten, was einigermaßen oft vorkam, und meist war das auch gleichbedeutend mit dem Ende ihrer Freundschaft.

Steffen, schon damals ein blonder Sunnyboy, den alle liebten, weil er gute Witze riss und einen einnehmenden Charme besaß, ein dünner Schlaks mit dicker Hornbrille, aber einem Zahnpastalächeln, das Felsbrocken erweichen ließ, hatte nämlich einen immensen Freundeverschleiß.

Die wenigen Tage jedoch zwischen diesen oft nur ein oder zwei Wochen dauernden »Freundschaften« hatten es wahrlich in sich. Da verzog sich mein Bruder sofort nach der Schule, ohne sein Mittagessen auch nur anzurühren, auf den Dachboden, wo der größte Teil seiner Spielsachen lagerte, und war für die kommenden Stunden nicht eine Millisekunde lang ansprechbar.

Falls man dann aber doch einmal gegen diese unausgesprochene »Steffen-auf-gar-keinen-Fall-ansprechen-Klausel« verstieß, und sei es auch nur, um ihn ein wenig zu trösten, bekam er umgehend einen Wut- und Heulanfall, aus dem die Worte »Könnt ihr mich nicht alle mal in Ruhe lassen!« mehr schlecht als recht herauszuhören waren, und stürzte in die nächste freie Ecke, in der er dann die kommenden Stunden nahezu unbewegt kauerte. Mit dem Gesicht zur Wand, gern noch zusätzlich bedeckt von Teppichen, Handtücher oder ähnlichem Weichkram, welcher weitere Annäherungen an ihn komplett verhinderte.

Eigentlich hatte ich ja schon gelernt, dass ich ihm in solchen Stimmungen besser nicht begegnete, aber da gab es etwas, das war stärker: Ich wollte ran an die Puppen. Steffen besaß nämlich ein mehrstöckiges Barbie-Traumhaus mit voller Ausstattung, größer als ich, welches er sich von dem Geld, das er von den zahlreichen Verwandten zu seiner Kommunionsfeier geschenkt bekommen hatte, im letzten Jahr gekauft hatte.

Es war sein ganzer Stolz, sein meistgehüteter Schatz, der wie ein Altar im Zentrum des staubigen Dachbodens prangte – aber seltsamerweise eines seiner wenigen Besitztümer, die er den wechselnden Freundesgruppen akribisch vorenthielt.

In dieser rosa Villa wohnten nicht nur Ken und Barbie, sondern auch ihre Schwester Skipper, ihre Cousine Francie und die Zwillinge Tutti und Todd, die selbstverständlich alle ihr eigenes Zimmer besaßen.

Das faszinierte mich ganz besonders, da wir drei Brüder uns im richtigen Leben zwei kleine Zimmerchen im Obergeschoss mit Dachschräge teilen mussten.

Axel, mein größter Bruder, neun Jahre älter als ich und damit stolze pubertierende vierzehn (also ein »Halbstarker«, wie mein Papa das gerne abschätzig formulierte, obwohl dieser Ausdruck schon damals etwas aus der Mode gekommen war), durfte das sechs Quadratmeter umfassende kleine Zimmer allein frequentieren und Steffen und ich zu zweit das große (acht Quadratmeter).

Ansonsten gab es eigentlich nicht so viele Gründe, warum ich unbedingt an Barbies Plastikvilla ranwollte, mit ihren langweiligen Bewohnern, diesen unförmigen Gummigeräten, die nicht einmal richtig sitzen konnten.

Außer, dass ich grundsätzlich mit Sachen spielen wollte, mit denen mein bewunderter großer Bruder gerade spielte. Und sei es auch nur mit dämlichen Puppen, die mich ansonsten herzlich wenig interessierten.

Ich schlich mich also auf Socken über die ausgefahrene Schiebeleiter auf den Dachboden und versuchte, keine Geräusche dabei zu machen, als ich mich von hinten an Steffen heranpirschte.

Der kniete etwa zwei Meter von der Luke entfernt auf dem knarzenden Holzboden und versank gerade mit seinem Oberkörper, vor sich hin murmelnd, im geräumigen Puppenhaus.

Ich beobachtete ihn von hinten, still auf eine Gelegenheit wartend, wenn schon nicht mit Ken, Barbie oder deren »großen« Verwandten, dann doch wenigstens mit einem ihrer Kinder, den Zwillingen Tutti und Todd, eine Zeit lang herumspielen zu dürfen, ohne eigentlich genau zu wissen, was ich mit denen überhaupt anfangen sollte.

Steffen, in sein Spiel vertieft, brabbelte in aller Seelenruhe in unterschiedlichen Stimmlagen, die er seinen Püppchen zuteilte. Doch sosehr ich mich auch bemühte, ich konnte keine vollständigen Worte, geschweige denn Sätze heraushören.

Nach einer Weile begriff ich, dass das Puppenpärchen in der Küche wohl gerade Essen für die versammelte Familie kochte und sich angeregt über die Zutaten unterhielt – was umso skurriler war, da Steffen ja gerade auf sein eigenes Essen verzichtet hatte.

Ich, ein Allesvertilger, dem Appetitlosigkeit völlig fremd war, der sich aber nicht ansatzweise für das Zustandekommen von Mahlzeiten interessierte, hatte plötzlich das immer heftiger werdende Verlangen, Steffen, Barbie und Ken beim Kochen behilflich zu sein.

Fast hätte ich meinen Arm ausgestreckt und ihm einfach in die Küche gegrapscht, mitten hinein in den Herd und die kleinen

Töpfe, aber im letzten Moment konnte ich mich gerade noch zusammenreißen. Die Zeit war noch nicht reif.

Ich übte mich weiter in Bewegungslosigkeit, tatenlos wie eine Sphinx hockte ich hinter seinem Rücken, obwohl es mir zunehmend schwerfiel. Ich hatte dabei das sichere Gefühl, dass mein Bruder mich bisher noch nicht bemerkt hatte.

Doch da täuschte ich mich: Auf einmal schob er seinen Oberkörper aus dem Spielgestell und drehte sich zu meinem Entsetzen direkt zu mir um.

»Hau endlich ab!«, giftete er mich an. »Ich will alleine spielen!«

Augenblicklich kräuselte ich meine Unterlippe zu einem »Flunsch«, wie es meine aus Schlesien stammende Mama immer so treffend formulierte. Ich sah ihn mit aufgerissenen Augen an, mit schwerem Atem, die Stirn zu einer Leidensmiene hochgezogen. Meist genügte das, um schließlich doch noch sein Mitleid zu erwecken und aus Gnade eines seiner Püppchen überlassen zu bekommen. Aber heute nicht. Heute leider nicht. Zumindest keines von denen, die ich gerne gehabt hätte.

»Du willst also mitmachen, was?«, fauchte er mich an. »Kannst du haben!«

Er kramte in seiner Stofftier- und Puppenkiste, einem mit zahlreichen Stickern übersäten ehemaligen Umzugskarton, den er in jahrelanger Sammelarbeit nach und nach gefüllt hatte, und zog eine (Achtung Vokabel-Polizei: So hieß die damals wirklich!) Negerpuppe heraus.

Die war aus Plüsch, schokoladenbraun, hatte rote, wulstige Lippen, schwarze, dichte Locken aus Wollkringeln und riesige, dunkle Knöpfe als Augen.

Er warf sie mir vor die Füße.

»Das da«, rief er. »Das bist du!«

Die Puppe starrte mich an, aus voluminösen Glupschaugen, und sie machte mir Angst.

Ich berührte sie nicht, auf keinen Fall, sorgsam hielt ich meine Arme auf dem Rücken verborgen, als würde auch nur der kleinste Kontakt mit ihr eine ansteckende Krankheit auslösen, betrachtete das Stoffungetüm nur verstohlen von der Seite, wie eine Frucht, von der man weiß, dass sie giftig ist, die einen aber trotzdem auf magische Weise anzieht.

Und als hätte mich mein Bruder mit dieser seltsamen Puppe und seiner bescheuerten Äußerung nicht schon genug irritiert, wies er mit ausgestrecktem Zeigefinger auf sein Traumhaus und die versammelte Barbie-Familie in der Puppenküche.

Dabei imitierte er den Tonfall eines Show-Moderators, der seine Gäste ankündigte: »Und das hier sind …«

Er zog die Worte in die Länge, um die Spannung zu steigern, auf das, was jetzt kommen würde: »WIR!«

Nacheinander zeigte er auf Barbie, Ken, Tutti und Todd.

»Das sind Mama, Papa, Axel und ich!«

Er grinste mich erwartungsvoll an, als hätte er mir gerade seine allerneueste Erfindung offenbart und wäre gespannt, wie ich darauf reagieren würde.

Ich zuckte mit den Achseln. Ich hatte keinen Schimmer, was er mir damit sagen wollte.

Mir fiel an seiner eigenartigen Argumentation eigentlich nur auf, dass, wenn Axel Todd, der Junge sein sollte, dann ja wohl Steffen Tutti, das Mädchen war, und das fand ich lustig. Also begann ich zu lachen.

Das brachte ihn erst recht zur Weißglut. Er riss die Negerpuppe hoch und hielt sie mir direkt vor die Augen. Sie glotzte mich mit unveränderter Miene an.

»Fällt dir was auf?«, schrie er. »Was ist das? Was ist das?«

Ich sah abwechselnd zu ihm und zu der Puppe, mit offenem Mund und konnte nichts erwidern. Mein Bruder machte mir Angst.

»Das da ist BRAUN! Und die da drinnen, die sind WEISS!«,

erklärte er mir mit erhobener Stimme, als wäre ich geistig zurückgeblieben.

Und fuhr fort: »Du bist überhaupt nicht mein Bruder! Und das Kind von Mama und Papa, das bist du auch nicht!«

»Und du ... du bist nicht Tutti!«, schrie ich umgehend zurück. Schließlich konnte ich seine lautstarken Beleidigungen und seine dummen Negerpuppen-Vergleiche nicht einfach so auf mir sitzen lassen.

Ich sprang auf und stapfte heulend über die ausgefahrene Holzleiter zurück nach unten. Mir war die Lust vergangen. Steffen war böse zu mir gewesen.

Ich verkroch mich in meiner Zimmerhälfte im Obergeschoss und spielte auf dem Kinderbett mit den Sachen, die mir gehörten, mir allein, meinem Playmobilschiff, meiner Playmobilkutsche und meinen Matchbox-Autos.

Da würde ich Steffen nämlich nie und nimmer ranlassen, schwor ich mir, auch, wenn er noch so sehr darum bettelte. Ich war stinksauer.

Dabei ging es im Grunde nicht darum, WAS er mir da eigentlich gesagt hatte, das hatte ich eh nicht verstanden. Er hatte mich einfach nicht mitspielen lassen, wollte mich mit dieser hässlichen Negerpuppe abspeisen und hatte mich angeschrien. Er hatte mich angeschrien und mir Angst gemacht.

Obwohl mir der tiefere Sinn dieser Aktion auf dem Dachboden so überhaupt nicht einleuchtete, beschäftigte er mich zunehmend.

Ich musste immer daran denken. Ob ich wollte oder nicht: Während ich spielte, kehrten seine Worte zurück und setzten sich in mir fest, sosehr ich auch versuchte, sie als dummes Geschwätz abzutun und darüber abfällig zu lachen: »Du bist nicht mein Bruder! Und das Kind von Mama und Papa, das bist du auch nicht!«

Hmm.

Ich wusste ja bereits, dass ich ganz anders aussah als meine Eltern und meine Brüder. Das hatte ich auf Fotos entdeckt und auch im Spiegel.

Aber ich hatte das immer als eine Besonderheit angesehen, eine Auszeichnung, und so war es mir von allen anderen auch verkauft worden: »Na, du bist aber ein Süßer, mit deinen schwarzen Locken und dunklen Augen! Ein ganz ein Schöner!«

So oder so ähnlich klang es, wenn Verwandte oder sonstige Erwachsene auf mich zutraten, mich begutachteten, begrapschten, hochhoben und bestaunten. Das kannte ich nicht anders. Ich galt als besonders braun, besonders exotisch, besonders hübsch.

Nicht im Traum wäre ich auf den Gedanken gekommen, dass das damit zu tun haben könnte, kein korrektes Mitglied dieser Familie zu sein.

Meine Eltern waren beide brünett, genauso wie mein Bruder Axel, nur Steffen war blond. Äußerlich hatten sie miteinander auch nicht so viel gemeinsam, außer vielleicht, dass sie alle vier eine Brille trugen. Ich dagegen nicht. Aber waren sie deshalb nicht meine Eltern und Brüder?

Als mich meine Mutter am selben Abend ins Bett brachte und mir mit zarter Stimme »Weißt du, wie viel Sternlein stehen« als Gute-Nacht-Lied vorgesungen hatte, wagte ich es einfach mal, sie zu fragen.

»Steffen war heute böse zu mir. Er hat gesagt, dass du nicht meine Mama bist und er nicht mein Bruder. Stimmt das?«

Ich weiß nicht, was ich erwartet hatte. Vermutlich, dass sie darüber lachte und »Blödsinn« und »Vertragt euch« sagte, wie sie es ja meistens tat, wenn irgendeiner von uns irgendeinen beleidigt, gehauen oder sonst irgendetwas Dummes getan hatte. Aber ich hatte nicht geahnt, was dieser kleine Satz bei ihr auslösen würde.

Eben noch hatte ihr wundervoller Sopran mich sanft an die

Pforte der Traumwelt geführt, wo ich nicht mal mehr anklopfen, sondern nur noch eintreten musste, so, wie er das jeden Abend tat und normalerweise Erfolg damit hatte. Nur nicht heute, wo mich etwas anderes beschäftigte.

Eben noch hatte sie gelächelt, hatte mir liebevoll die Decke bis ans Kinn gelegt, damit ich in der Nacht nicht fror.

Doch nun bekam ihr Gesicht von einem Moment auf den anderen einen eigenartig verzerrten Ausdruck, so, als hätte sie was Schlechtes zum Abendbrot gegessen und wäre kurz vorm Übergeben.

Sie musste sich von mir wegdrehen, starrte auf den Teppich und faltete ihre Hände. Sie atmete schwerfällig und langsam und stöhnte beim Ausatmen.

Nach einer Weile hatte sie sich gefasst, wandte sich wieder meinem Gesicht zu, blickte mir tief in die Augen und sagte mit fester Stimme: »Nein, Mathias. Steffen hat unrecht.«

Dann warf sie mir noch ein Lächeln zu, das allerdings einen Tick zu angestrengt wirkte, als dass ich es ihr hätte glauben können, drückte mir einen Kuss auf die Stirn und verschwand aus dem Zimmer.

Mein Herz wummerte. Ich konnte nicht einschlafen.

Das, was mir mein Bruder heute gesagt hatte, und die komische Reaktion meiner Mama arbeiteten immer noch in mir weiter, vermischten sich mit seltsamen Fantasien, in denen Geister und Monster vorkamen, die aussahen wie eine Kreuzung aus Ken und Barbie und der Negerpuppe, die mich aus dem Bett reißen und aus dem Haus ziehen wollten.

Als Soundtrack dazu erklang »Weißt du, wie viel Sternlein stehen«, mit dem glockenhellen Sopran meiner Mama in Endlosschleife, der sich immer schriller, verzerrter in meinem Kopf ausbreitete und mich so gar nicht mehr beruhigte.

Das lag vielleicht auch an dem sehr realen, lautstarken Streit, der eine Etage tiefer in unserem Wohnzimmer stattfand.

Ich vernahm die aufbrausende Stimme meines Vaters, die besorgten, beschwichtigenden Töne meiner Mutter und das Heulen und Kreischen von meinem Bruder Steffen.

Seine Worte hörte ich am deutlichsten: »Ihr Lügner! Ihr seid solche Lügner!«

Plötzlich ließ mich das Knallen einer Tür zusammenfahren und das Brüllen meines wutentbrannten Papas, der sie umgehend wieder aufriss: »Na warte! Du sollst mich kennenlernen!«

An der Treppe zum Obergeschoss, in welchem ich mittlerweile zitternd, schwitzend und mit panisch aufgerissenen Augen in meinem Bettchen lag, prügelte er endlose Minuten lang auf meinen wimmernden Bruder ein.

# STREUSELKUCHEN MIT NACHSCHLAG

Als mich meine Mama am nächsten Tag zu Fuß vom Kindergarten abholte, trat sie mit mir völlig überraschend in die kleine Konditorei, die sich auf halbem Wege nach Hause befand und aus der es morgens immer so gut roch. Sie bestellte sich einen Tee und mir einen Streuselkuchen, den ich so sehr liebte, am liebsten aber von ihr selbst gebacken.

Ich war noch nie im Innern dieser Bäckerei gewesen, immer nur dran vorbeigelaufen, Essen gab es bei uns zu Hause und sonst nirgends.

Doch mir sollte der Abstecher recht sein. Ich hatte nach dem Kindergarten und dem ganzen Gespiele mit meinen Freunden sowieso meist einen Kohldampf, der mit Mittag- und Abendessen allein schwerlich gestillt werden konnte.

Ich kaute zufrieden meine Streusel, die ich vom Teigboden löste und separat verspeiste, weil sie so schön süß waren und wunderbar zart im Vergleich zum trockenen Boden, den man endlos lang kauen musste. Und ich merkte, wie meine Mama mich lächelnd beim Futtern beobachtete.

Doch plötzlich fror ihr Lächeln ein. Sie räusperte sich und hob zu sprechen an.

»Weißt du, Mathias, wir haben euch alle drei sehr, sehr lieb, und wir wollen niemals andere Kinder haben als euch drei«, sagte sie und blickte mir tief in die Augen, wie sie es gestern Abend ja auch schon getan hatte.

Ich kaute vor mich hin, blickte sie ebenfalls an, allerdings verdutzt. Ich wusste nicht, was ich erwidern sollte, da sie plötzlich wieder so unheimlich ernst wurde.

Sie fuhr fort: »Was Steffen da gestern zu dir gesagt hat…, das stimmt… zum Teil… ein wenig…«

Ich hörte auf, zu kauen. Eigentlich hatte ich diese Sache mit den Puppen längst zur Seite geschoben, am Tage hat man schließlich andere Sorgen als in der Nacht.

Aber nun interessierte mich natürlich schon, wieso Steffen mit seiner dämlichen Aktion auf dem Dachboden denn auf einmal DOCH recht gehabt haben sollte. Und wenn es auch nur »zum Teil« war.

»Nun ja«, fuhr sie fort. »Jedes Kind hat Papa und Mama, genau wie du, wir sind Mama und Papa für dich, und das werden wir auch immer bleiben. Aber weißt du, Mathias, da gibt es andere Menschen, die dafür gesorgt haben, dass du zur Welt kamst. Und da gab es wieder andere Menschen, die haben Axel zur Welt gebracht. Und noch einmal ganz andere, die sind dafür verantwortlich, dass es den Steffen gibt.«

Ich starrte sie aufmerksam an und wagte nicht, zu atmen. Obwohl ich nicht viel von dem, was sie da sagte, begriff, wusste ich intuitiv, dass es jetzt nicht angebracht war, irgendetwas anderes zu machen, als ihr zuzuhören.

»Diese anderen Menschen…«, fuhr sie fort, und ich merkte, wie schwer sie sich damit tat; sie sprach die Worte langsam, gedehnt und machte lange Pausen, »… die haben dann irgendwann gemerkt, dass sie nicht gut für euch sind. Und haben euch lieber zu uns gegeben, zu Mama und Papa Kopetzki, wo ihr – wahrscheinlich – ein besseres Zuhause bekommt, als bei ihnen. Verstehst du?«

Ich schüttelte den Kopf.

Sie nickte.

»Irgendwann wirst du alles mal verstehen. Aber jetzt noch nicht. Und bis dahin ist das, was Steffen dir da gestern gesagt hat, eine große Dummheit gewesen. Denn wir sind genauso Eltern für dich wie für Steffen. Und das unterscheidet sich kein bisschen davon, wie andere Eltern zu ihren Kindern sind. Im Gegenteil: Wir haben uns für euch ENTSCHIEDEN. Und ich sage es dir noch einmal: Wir wollen keine anderen!«

Hunger hatte mich wieder erfasst, ein entsetzlicher Hunger. Er verdrängte den guten Willen, ihrer Erzählung zu folgen, ohne mit so etwas Profanem wie Kuchenessen beschäftigt zu sein.

Ich schob mir nach den süßen Streuseln auch noch den trockenen Boden Stückchen für Stückchen in die Mundöffnung. Nur schwerlich ließ er sich zerbeißen. Wie Lehm klebte er hartnäckig am Gaumen und an den Milchzähnen.

Wie meine Mama schon richtig erkannt hatte: Ich verstand tatsächlich wenig von dem, was sie gesagt hatte – sehr, sehr wenig.

Von welchen anderen Leuten redete sie denn da? Und wie, bitte schön, sollten diese komischen Leute »dafür gesorgt« haben, dass wir »auf die Welt kamen«? Warum waren sie »nicht gut« für uns? Und schließlich: Wie kamen wir dann überhaupt zu unserer Mama und unserem Papa? Zu Fuß? Mit dem Flugzeug?

Das Einzige, was ich verstand, war, dass, was auch immer mir da mit diesen komischen Leuten passiert sein sollte, meine Brüder etwas Ähnliches mit ANDEREN komischen Leuten erlebt hatten. Axel hatte es erlebt, und vor allen Dingen auch Steffen.

Ja, auch Steffen kam später zu Mama und Papa! Er gehörte also genauso viel oder genauso wenig zu unserer »Barbie-Familie« wie ich. Und das würde ich ihm tüchtig aufs Brot schmieren, wenn er mir das nächste Mal wieder diese bekloppte Negerpuppe entgegenschleudern sollte.

Doch ich verstand auch etwas von diesem Gespräch, das mich sehr stolz machte: Nämlich, dass es für das, was sie mir da sagte, wert gewesen war, in eine Konditorei einzukehren – was wir ja sonst niemals taten – und Streuselkuchen zu essen.

Für immer sollte nun der Geschmack von Streuselkuchen mit dieser ersten, wichtigen Unterredung mit meiner Mutter verbunden bleiben.

»Darf ich Capri-Sonne?«, wagte ich nach einer nicht enden wollenden Pause zu fragen, in der wir uns schweigend begutachtet hatten, weil wir wohl beide nicht so recht wussten, wie wir diese Unterhaltung denn nun ordentlich zu Ende führen sollten.

Mama lächelte.

»Natürlich.«

Sie stand auf, ging zum Kühlschrank, der neben der Brötchentheke stand, nahm eine bunt bedruckte Kunststoffpackung heraus, bezahlte sie an der Kasse und stellte sie auf meinen Teller.

Kirsche.

Ich betrachtete die Packung und verzog das Gesicht.

Eigentlich mochte ich Orange viel lieber, aber das traute ich mich dann doch nicht zu äußern. Schließlich wollte ich nicht die Stimmung dieser so heilig anmutenden Erwachsenen-Unterredung kaputtmachen; im Grunde war ich ja ziemlich glücklich, sie mit meiner Mutter führen zu dürfen.

Ich war halt schon ein großer Junge.

Stattdessen fummelte ich den eingeschweißten Strohhalm von der Rückseite der Getränkepackung und rammte ihn mit ein wenig Fingerspitzengefühl in die Kunststoffhülle.

Dann fiel mir etwas ein.

»Kommen die Leute, die mich auf die Welt gebracht haben, aus Afrika?«

Augenblicklich verfinsterte sich das Gesicht meiner Mama, und sie lehnte sich erschrocken zurück.

»Wie kommst du denn darauf?«, fragte sie entsetzt.

»Na, wegen der Negerpuppe!«, rief ich, strotzend vor Stolz, ihr auch mal etwas erklären zu können, was sie vorher nicht gewusst zu haben schien. »Die Neger kommen doch aus Afrika, und da kommt doch auch die Negerpuppe her! Und wenn Steffen sagt, ich sehe aus wie eine Negerpuppe und Eltern sehen doch meistens so aus wie ihre Kinder, dann müssen meine früheren Eltern doch aus Afrika sein!«

Ich war zufrieden mit meiner wasserdichten Argumentationskette, doch meine Mama hatte von Wort zu Wort entsetzter gewirkt.

Ich spürte, dass sie schwer um ihre Fassung rang. Sie holte das Brillenetui aus ihrer Handtasche hervor und wedelte sich Luft zu.

»Also, erstens«, stellte sie fest, nachdem sie eine Weile wieder mal die richtigen Worte gesucht hatte, »siehst du nicht aus wie ein Neger. Ganz und gar nicht. Die sind viel brauner als du. Das, was Steffen da gesagt und getan hat, war sehr gemein, und das solltest du so schnell wie möglich vergessen. Mag sein, dass deine ... diese ...« Sie ruderte mit den Händen in der Luft herum, als müsste sie sich die korrekte Formulierung regelrecht herbeiwinken.

Dann hatte sie es geschafft: »Also die Menschen, die dafür gesorgt haben, dass du zur Welt kamst«, fuhr sie fort, »und die dir vielleicht auch ein ganz klein wenig ähnlich sehen, aus einem anderen Land kommen als diesem, aber ...« Sie machte eine Pause, atmete langsam ein und dann schnaufend wieder aus. »Aber wir wissen es nicht. Damit müssen wir alle leben. Und außerdem ...« Jetzt sah sie mir erneut tief in die Augen, »möchte ich nie wieder, dass du diese Menschen deine Eltern nennst. Nie wieder. Hast du mich verstanden? WIR sind deine Eltern. Wir sind Mama und Papa. Da gibt es keine anderen!«

Ich hatte die Hälfte der Capri-Sonne ausgetrunken, mich eben mit dem ekelhaften Kirschgeschmack so halbwegs arrangiert, als diese Worte meiner Mama in meine Ohren drangen und dort geradezu schepperten.

Sie hatten Gewicht, diese Worte, bleiernes Gewicht, das spürte ich. Sie klangen wie die, die ich im Gottesdienst hörte, in den meine Eltern mich seit einigen Wochen immer sonntags mitnahmen.

Da stand dieser Mann mit der bunten Kutte hinter dem Steintisch und sprach lauter so wichtiges Zeug, dass in dem riesigen, hallenden Raum meistens echote und dadurch noch größere Wichtigkeit bekam.

»Aus einem anderen Land«, »Du siehst ihnen ähnlich«, »Wir wissen nicht, woher. Damit müssen wir leben«, »Aber NIEMALS diese Menschen deine Eltern nennen!«, echote es nun auch in meinem Kopf, und ich fühlte mich ganz plötzlich unendlich müde.

Meine Mama hatte nie zuvor so mit mir gesprochen. Zwar war sie natürlich streng zu mir, wenn ich meine Spielecke nicht aufräumte, mit meinem Roller zu weit auf die Straße fuhr oder einen meiner Brüder zuweilen »Furzknoten« oder »Kackgesicht« nannte, aber das klang alles anders.

Und es sollte auch noch Jahre dauern, bis sie wieder so oder so ähnlich mit mir sprechen würde.

Doch diese wichtigen, schweren, nachhallenden Worte, die ich ja im Grunde besser verstand, als ich mir eingestehen wollte, schufen Raum in mir, Raum für Gedanken und Gefühle, die sich nach und nach in mir breitmachten.

Sie sorgten dafür, dass ich mir immer, wenn ich einem erwachsenen Menschen begegnete, der so schwarze Locken besaß wie ich, so dunkle Augen und eine so dunkle Haut, so dicke Lippen und eine so dicke Nase, vorstellte, er oder sie könnte »dafür gesorgt haben, dass ich auf die Welt gekommen war«.

Ganz tief in mir drin, in einer verborgenen Ecke meines Wunschdenkens, wartete ich mit einer Mischung aus angsterfülltem Schaudern und nervös gespanntem Kribbeln auf den Moment, in dem zwei dieser dunklen Menschen auf mich zutreten und zu mir sagen würden: »Hallo Mathias. Wir sind deine richtigen Eltern. Komm mit. Wir gehen nach Hause.«

# IM AUFTRAG DES KALIFEN

»Ein Prinz«, sagte ich und streckte meine Brust heraus. »Er war ein Prinz!«

Markus stierte mich mit herabhängendem Unterkiefer an. Er zeigte mir einen Vogel, wandte sich von mir ab und warf den Fußball in die Luft, den er bis jetzt in der Hand gehalten hatte, um ihn nun abwechselnd auf beiden Füßen tanzen zu lassen. Dabei zählte er die Ballkontakte – »Drei, vier, fünf, sechs, ...« – und tat so, als wäre ich gar nicht mehr da.

Ich beobachtete ihn, während ich gleichzeitig überlegte, wie ich ihn davon überzeugen könnte, mir doch verdammt nochmal zu glauben.

»... zehn, elf, zwölf, ...«

Das macht er gut, dachte ich. Er ist ja wirklich ein guter Kicker. Ein Künstler am Ball! Aber er soll bloß nicht denken, dass mir das Respekt einflößt!

Wir lungerten auf der Fußballwiese herum, die an unsere Grundschule grenzte und die auch mal wieder hätte gemäht werden können. Die langen Halme krochen zuweilen bis zu den nackten Oberschenkeln hinauf, und manche ganz böswillige stachen uns sogar in die Waden.

Aber das machte uns nichts aus, wir waren eh nur zu zweit, kickten nach Schulschluss ein wenig ziellos vor uns hin, weil wir noch keine Lust hatten, nach Hause zu radeln, und zeigten uns gegenseitig ein paar Dribblings, die wir für wahnsinnig genial hielten. Die anderen Kinder waren schon abgehauen.

»Im Ernst!«, versuchte ich es ein weiteres Mal, ohne sicher zu sein, dass er mir überhaupt noch zuhörte. »Es war ein Prinz, ein Prinz aus Italien!«

»Aus Italien?« Abrupt brach er seine angeberische Jonglage ab und ließ den Ball auf den Rasen kullern. Mit verkniffenem Gesicht blickte er mich von der Seite an. »Etwa ein Spaghetti?«

»Ja, genau, ein Spaghetti!«, schrie ich, voller Übermut, da er nun endlich angedockt zu haben schien.

Und ich senkte verschwörerisch die Stimme: »Der kam angeritten nach Deutschland, weil er mal richtig gutes Obst essen wollte. Das haben die da nämlich nicht, die haben da ja nur Spaghetti und Pizza, und besonders unsere Äpfel mögen die da richtig gerne. Und er wollte für seine Landsleute einen riesigen Sack davon einsammeln und die da unten mal ordentlich überraschen! Und eigentlich wollte er auch gleich wieder zurückreiten, aber dann hat er unterwegs ein Mädchen getroffen, die genauso braun war wie er. Die sammelte nämlich ebenfalls gerade einen Sack Äpfel ein, und zwar genau von dem Baum, an den er selber ranwollte, dem schönsten und größten in unserm Land, von dem in Italien schon Sagen berichtet haben. Und er wollte ihr sagen, dass sie die Finger von seinen Äpfeln lassen sollte, weil er die doch für sein Volk benötigte, aber sie hat ihn nur frech angesehen. Und dann hat er sie gefragt, woher sie eigentlich komme, und sie hat ihm geantwortet: ›Aus einem Land, wo Milch und Honig fließen und wo es nur glückliche Menschen gibt.‹ Und dann hat er ihr ein wenig zu lang in die Augen geschaut, und so ist die Liebe in ihm ausgebrochen und in ihr auch. Und dann haben beide das mit den Äpfeln sein gelassen, weil die Säcke auch viel zu schwer gewesen wären für sie und ihre Pferde, und sind auf und davon. Ganz weit weg, also in das Land, wo Milch und Honig fließen und wo es nur glückliche Menschen gibt.«

Da war er wieder, Markus' herabhängender Unterkiefer, der eher an einen VW Käfer mit kaputter Motorhaube erinnerte als an einen siebenjährigen Jungen.

»Du spinnst!«, attestierte er mir nach einer endlosen Pause, in der ich noch die kleine Hoffnung verspürt hatte, er könnte mir meinen Schmarrn abgenommen haben.

Schließlich hatte ich doch beobachten können, wie er meine Erzählung mit geweiteten Pupillen verfolgt hatte, ich hatte förmlich dabei zugesehen, wie jedes meiner Worte ein unruhiges Flackern in seinen Augen ausgelöst hatte, als hätte er meine kleine, feine Herkunftsgeschichte selber erlebt – umso erstaunlicher, da ich sie ja gerade jetzt, in diesem Augenblick erst erfunden hatte.

Aber nun schien er zu meiner Enttäuschung wieder aufgewacht zu sein aus seinem Tagtraum, in den ich ihn mit all meinen zur Verfügung stehenden Mitteln hineinfantasiert hatte.

Er popelte in der Nase, als würde ihm keiner dabei zusehen, bohrte mit seinem Blick ein Loch in die Grasfläche und reckte anschließend triumphierend seinen Schädel in die Höhe.

Ich schob augenblicklich Panik. Vermutlich war ihm etwas eingefallen. Vermutlich das schlagende Argument, mit dem er mich kaltstellen konnte – so, wie er mich ja auch regelmäßig ausdribbelte, so gut ich ihm mit seinen blöden, schlaksigen Beinen auch Paroli bot.

»Und wiiiie, bitte schön«, wollte er mit bedrohlichem Singsang in der Stimme wissen, als wäre ich der Täter und er der Kommissar, der mich des Mordes überführte, »wiiiie sollst du dann bitte schön entstanden sein, wenn die sich gleich in dieses Dingsda ...«

Er schnippte ein paar Mal mit den Fingern, weil ihm die richtige Formulierung nicht gleich einfiel. »... in dieses ... dieses Land da mit Milch und Honig aufgemacht haben?«

Ich senkte den Kopf. Da hatte er mich erwischt. Darüber hatte ich mir tatsächlich noch keine Gedanken gemacht.

Nun bohrte ich selber meinen Blick in den Rasen und ließ die Schultern in Richtung Boden sacken. Eine knifflige Frage. Wie entstand man denn überhaupt?

Um meinen Entstehungsbericht hieb- und stichfest zu machen, musste ich so etwas natürlich wissen!

Denn dass der berühmte Storch für die ganze Sache verantwortlich sein sollte, glaubten mit sieben Jahren weder ich noch Markus.

Im Gegenteil: Wir amüsierten uns über die Vorschüler oder Winzlinge aus dem Kindergarten, die auf unsere altkluge Frage: »Wisst ihr denn überhaupt, wo die Babys herkommen?« stolz antworteten: »Ja, klar, vom Storch!«

Dann lachten wir uns über sie kaputt, während die Kleinen ihr Gesicht verzogen: »Hast du gehört, der Winzling glaubt noch an den Storch! Ha ha! Ist der blöd!« Dabei hofften wir natürlich, dass niemand von denen auf die naheliegende Idee kommen würde, UNS mal zu fragen, wie es sich denn wirklich verhielte mit diesen Babys. Denn dann wäre uns das Lachen wohl ganz schnell vergangen. Viel weiter als die Vorschüler waren wir da leider nicht.

Dann fiel es mir plötzlich ein. Da hatte mein Kumpel Lars – der war ja schon acht und wusste ganz sicher darüber Bescheid – vor Kurzem etwas erzählt.

Etwas, was ich absolut nicht glauben konnte, doch von dem er geschworen hatte, dass es sich haargenau so abspielen würde.

»Ein Kuss!«, brüllte ich, überglücklich über meine Rettung in letzter Sekunde, bevor sich Markus wieder seinem angeberischen Gekicke hätte widmen können. Und ich nahm mir vor, meinem Retter Lars bei nächster Gelegenheit ein Hubba Bubba zu spendieren, ohne ihm aber genau zu erzählen, wieso ich das tat. »Sie haben sich vorher natürlich geküsst, gaaaanz lange, und dann bekam Esmeralda …«

»Esmeralda?« Markus zog die Stirn in Falten.

»Ja, Esmeralda!«, beharrte ich auf diesem, zugegeben nicht so ganz zeitgemäßen, Namen, der mir da plötzlich wie aus dem

Nichts in den Kopf geschossen war – ich fand allerdings, er passte irgendwie. »So hieß halt das Mädchen aus dem Land, wo Milch und Honig fließen – da kann sie ja auch nichts für. Aaalso: Sie bekam ganz heftige Bauchschmerzen, wahrscheinlich von den vielen Äpfeln, die sie genascht hatte, und ging zum Fluss. Und dann musste sie ganz dringend. Groß. Sie hat den Rock gehoben, aber natürlich so, dass es der Prinz nicht gesehen hat, sie hat sich vor ihm geniert, und dann kam stattdessen ein Baby raus, und das war ein bisschen braun, weil es aus dem Loch rauskam, wo normalerweise die Kacka rauskommt, und da ist sie selber ganz erschrocken. Da wusste sie jetzt gar nicht, was sie mit dem Baby machen sollte. Weil, sie konnte es ja nicht mitnehmen in das Land, wo Milch und Honig fließen, das wäre viel zu anstrengend gewesen, so auf dem Pferd, zwanzig Tage und Nächte, die man da reitet. Und dann hat sie plötzlich einen Korb gesehen, da unten am Fluss. Der stand da einfach rum. Und da hat sie es reingesetzt und das Baby wegschwimmen lassen. Und dann ist sie wieder zum Prinzen hochgegangen, und beide sind sie glücklich miteinander weggeritten. Und wenn sie nicht gestorben sind, dann leben sie noch heute. Jawohl, genau so war das.«

Markus verzog das Gesicht und ploppte den Ball auf den Rasen. »Ein Korb? Das ist doch nicht dein Ernst. Was war denn das für ein Korb?«

»Das weiß ich doch nicht!«, echauffierte ich mich, weil ich keine Lust hatte, mir jetzt auch noch auszudenken, was für ein blödsinniger Korb denn das gewesen sein sollte.

Schließlich hatte ich dieses Wunderwerk an Story gerade AUS DEM STEGREIF improvisiert, mit allen Details und Wendungen, angereichert mit so ziemlich allen Beilagen, die ein gutes Märchen so braucht (von dem Loch, wo die Kacka rauskommt, vielleicht mal abgesehen). Das war gar nicht so einfach gewesen.

Sollte er sich doch seinen vermaledeiten Korb selber erfinden, meinetwegen einen mit rosa Schleifchen, oder am besten gleich einen Einkaufskorb vom Penny Markt!

»Woher soll ich das denn wissen? Das ist doch schon so lange her! Da war ich doch noch ein Baby! Was weiß ich, in was für einem Korb ich da gelegen habe!«

»Aber deine Eltern müssen das doch wissen – die haben dich doch schließlich gefunden, oder?«

Hmm, überlegte ich. Hatten mich meine Eltern überhaupt gefunden?

Ich entschied mich spontan dazu, dass das dann doch wohl ein wenig zu einfach wäre. Ein solch profanes Ende würde zu einer so genialen Geschichte ja auch überhaupt nicht passen.

»Nein, eine Magd war's!«

»Eine was?!«

»Eine Magd!«

Markus schnaubte abfällig.

»So was gibt's doch nur im Märchen! Überhaupt kommt mir die ganze Geschichte so vor, als ob ich sie schon mal gehört hätte.«

Stimmt, da hatte er recht. Zumindest im Halbschlaf musste eine ähnliche Geschichte sein Gehirn schon mal gestreift haben. Schließlich war er mit mir in einer Klasse, in der zweiten, und das mit dem Baby im Korb und dem Land, wo Milch und Honig fließen, hatten wir kürzlich erst bei Frau Koslowski in Reli gehabt. Doch das erwähnte ich nicht, vielleicht war mir auch selber nicht so ganz bewusst, wo ich diesen ganzen Schwachsinn eigentlich aufgeschnappt hatte.

Ich war dermaßen in meinem Element, dass ich einfach weiterfabulierte: »Du hast vollkommen recht, Markus, du hast diese Geschichte schon mal gehört. Und das nicht nur ein Mal. Und zwar deswegen, weil das nämlich Ortsgespräch ist in Hude, bis heute! Und ich schwöre dir, es gibt sogar Fotos von der Magd! Jedenfalls hatte die keinen Mann und kein Haus. Und da hat sie sich gedacht, da ist doch die Familie Kopetzki, die nehmen immer Kinder auf, und warum nicht dieses, da freuen die sich doch!«

»Mann, Mann, Mann!« Markus schüttelte den Kopf. »Ich weiß nicht, ich weiß nicht, ich weiß nicht.«

Ich spürte, wie es in ihm ratterte. Gleich ist es so weit, jubilierte ich innerlich, setzte aber außen mein Pokerface auf. Gleich hab ich ihn vollständig überzeugt!

»Und deswegen«, wagte sich noch einmal jene Frage aus ihm heraus, die mich überhaupt zu dieser ganzen Erzählung veranlasst hatte. »Deswegen siehst du also so ... so anders aus als deine Eltern und Brüder?«

»Meine Zweiteltern und meine Zweitbrüder!«, posaunte ich stolz. »Woanders hab ich natürlich noch ganz viele andere! Brüder, kann ich dir sagen, und Schwestern, so viele, davon kannst du nur träumen! In Italien! Und im Land, wo Milch und Honig fließen! Da leben die alle! Ganz weit weg! Und gaaanz glücklich!«

»Und willst du da mal hin?«, fragte er schüchtern.

Ich überlegte eine Weile, genoss dabei im Stillen meinen Triumph und die Tatsache, es meinem Fußball-Erzkonkurrenten in zumindest anderer Disziplin mal so richtig gezeigt zu haben.

»Nö«, fiel es entspannt aus meinem Mund.

Ich riss ihm den Ball aus der Hand, kickte ihn auf die Wiese und jagte hinter ihm her.

»Ist doch alles super hier!«, rief ich. » Komm, lass uns weiterspielen!«

Das war die Story, die ich Markus erzählte. Nicole erzählte ich eine ganz andere.

Sie war das einzige gleichaltrige Kind in meiner Straße und kam fast jeden Nachmittag zum Spielen auf unser Grundstück mit dem schönen, großen Rasen, wo es eine Wippe gab und eine Schaukel und einen Sandkasten. Sie selber hatte nur einen Sandkasten.

Als ich mit ihr auf die zweistufige »Turnstange« kletterte, die wir so nannten, obwohl es eigentlich eine stählerne Wäscheleine war, und wir auf der unteren Stange zum Sitzen kamen, betrachtete sie meine schwarzen Locken, meine dunklen Pupillen und sagte plötzlich: »Mein Papa meint, du bist nicht deutsch.«

Dann schaute sie mir erwartungsvoll in die Augen, so als müsste ich jetzt sofort, auf der Stelle eine Erklärung dazu abgeben. Als hätte ich etwas ganz Schlimmes verbrochen, sie hätte mich dabei ertappt und nun müsste ich mich dafür entschuldigen. Oder beteuern, dass das alles ja gar nicht wahr sei und ich es überhaupt nicht getan hätte!

Natürlich hätte ich jetzt sagen können: »Das stimmt nicht, was dein Papa sagt!«, aber dann wäre sie vermutlich beleidigt von dannen gezogen, wie sie es schon mal gemacht hatte, als ich ihr gesagt hatte, dass ihr Papa immer so eine rote Nase habe und furchtbar aus dem Mund rieche.

Und dann hätte ich für die nächsten Tage mal wieder keine Spielfreundin gehabt, die mich nachmittags besuchte, vielleicht sogar keine für die nächsten Wochen. Denn die meisten meiner anderen Freunde waren faule Säcke, die keine Lust darauf hatten, zwei Kilometer zu mir hinauszuradeln – bei denen im Ortskern gab es ja Spielplätze genug. Wäre also ziemlich fahrlässig gewesen, es sich mit ihr zu verscherzen.

Ich löste mich von ihrem neugierigen Blick, indem ich mich mehr oder weniger gekonnt an der Stange entlanghangelte.

Sie tat es mir nach, war darin aber um einiges wendiger, eine kleine Schlangenfrau – das hatte sie vermutlich beim Voltigieren auf Ponys gelernt. Sie konnte sogar auf der unteren der beiden Stangen ein paar Schritte freihändig balancieren.

Doch obwohl sie so konzentriert ihre Turnkünste vollführte, wusste ich, dass sie immer noch auf eine Antwort wartete.

Einen Ballwurf weiter weg, hinten im Blumenbeet, machte sich meine Mama am Unkraut zu schaffen, während Papa am

Hühnerstall herumwerkelte. Der Verschlag musste ausgebessert werden, und er zimmerte gerade ein Holzstück an die Schuppenwand.

Die Schläge seines Hammers hallten zu uns herüber, und so ähnlich hämmerte es auch in meinem Schädel, da ich krampfhaft überlegte, was ich Nicole denn nun erzählen sollte.

Meine Eltern konnten uns zum Glück nicht hören, nicht aus dieser Entfernung, da hätten wir uns schon anbrüllen müssen, und das beruhigte mich ein wenig.

Ich fühlte mich also ansatzweise sicher, räusperte mich, wie unser Dorfpfarrer vor der Predigt, holte tief Luft und stieß den ersten Satz heraus: »Dein Papa hat recht. Ich komme von ganz weit her.«

»Woher denn?«, fragte sie, ihren Blick erneut auf mein Gesicht geheftet.

Hmm. Ja, woher eigentlich?

»Aus Arabien!«, schoss es aus mir hervor. »Aus Bagdad, wo Sindbad zu Hause ist!«

Ein geschickter Spielzug! Ich wusste, dass Nicole ein Fan der Zeichentrickserie »Sindbad« war, die zurzeit im Vorabendprogramm lief. Ich mochte eigentlich »Heidi« viel lieber, aber Nicole fand »Sindbad« besser, und so hatten wir das schon etliche Male zusammen gucken müssen.

Punkt 17.50 Uhr, wenn sie dann noch bei mir war, ließ sie alles Spielzeug liegen, rannte ins Wohnzimmer und schaltete den Fernseher ein. »Komm, Mathias, Sindbad fängt gleich an!« Ich hatte keine Chance und musste ihr dann einfach folgen.

Nun blickte ich sie erwartungsvoll an. Würde sie mir glauben? Sindbad und das mit Bagdad waren doch eine tolle Sache!

Aber sie verzog das Gesicht.

»So weit her? Ist das wahr?«

»Aber natürlich ist das wahr! Vor Jahren, als ich noch ganz klein war, hat mich ein Mann hierhergebracht, der hatte einen

Turban auf und ein langes Gewand, und er war ganz schwarz im Gesicht. Und das war der Großwesir vom Kalifen von Bagdad, und er hatte den Auftrag, mich nach Deutschland zu bringen, weil man in Bagdad immer noch auf Pferden reitet und mit Kutschen unterwegs ist und mit fliegenden Teppichen. Und ich sollte hier groß werden und Auto fahren lernen. Und wenn ich dann groß bin, dann komme ich zurück nach Bagdad, und dann zeige ich denen, wie das geht.«

»Wow«, sagte sie nur und löste ihren Blick von meinem Gesicht.

Einen Moment später baumelte sie kopfüber mit den Beinen an der Stange, nahm drei oder vier Mal Schwung und landete nach einer beachtlichen Luftrolle auf dem Rasen. Ich hielt mich mit den Händen an der oberen Stange fest, saß auf der unteren und staunte sie dabei an.

»Wow«, sagte ich ebenfalls.

Sie lachte ein wenig erschöpft und wischte sich mit dem Ärmel den Schweiß vom Gesicht.

Dann grinste sie mich an: »Aber das dauert wohl noch eine Weile, bis du Auto fahren kannst«, sagte sie und fügte flüsternd hinzu: »Bis dahin bleibst du ja noch ein bisschen bei mir.«

Das klang so liebevoll, dass mein Kopf umgehend zu einem Glutofen anschwoll.

Für meinen Kumpel Michael, mit dem ich als Messdiener in rotweißer Kutte beinahe wöchentlich vor dem Altar stand, zur heiligen Kommunion synchron die Schellen erklingen ließ und unserem Prälaten Wein und Weihrauch reichte, war ich der Sohn von Winnetou.

Ich hatte gerade meine ersten Karl-May-Filme gesehen und war begeistert von dem Indianer auf dem wunderschönen schwarzen Pferd, mit dem schneidigen Fransenanzug, der immer durch diese machtvolle Felslandschaft ritt und ständig »mein Bruder!« zu seinem blonden Freund sagte.

Old Shatterhand, das hatte mir meine Mama gesagt, war eigentlich ein Deutscher, also einer, der aus unserer Gegend kam. Vermutlich sogar direkt aus unserem Dorf, aus Hude, so jedenfalls fabulierte ich im Geiste diese Information weiter, das war doch schließlich naheliegend.

Und er wird ja wohl auch nur für ganz kurze Zeit da unten in der Prärie bei seinem Freund Winnetou weilen – diese ständigen Schießereien mit den Schurken, das hält doch kein vernünftiger Mensch lange aus. Und Old Shatterhand wirkte dann doch noch einigermaßen vernünftig.

Zwischenzeitlich kam er sicher immer wieder hierher, um sich zu erholen. Leider war ich ihm bisher noch nicht begegnet, aber ich hielt wachsam die Augen auf.

»Quatsch!«, sagte Michael, als wir mit dem Fahrrad nach dem Gottesdienst gemeinsam wegfuhren – wir radelten zum Teil in dieselbe Richtung. »Winnetou hat doch überhaupt gar keinen Sohn!«

»Wenn ich's dir doch sage! Natürlich hat er einen! Ich muss es doch schließlich wissen! Ein kleines Baby hatte er da, im Zeltlager bei den Apachen! Aber in den Filmen kommt sein Söhnchen nicht vor, weil ein Baby halt noch nicht reiten und Abenteuer bestehen kann und Bösewichter niederschießen und so. Aber Winnetou ist ja von Rollins mit einer Kugel getroffen worden und ist hopsgegangen, und Old Shatterhand hat sich um das Baby gekümmert und es nach Deutschland gebracht. Nach Hude, wo sich seine alten Freunde, die Kopetzkis, um das Kind kümmern sollten, weil er ja wieder zurückmusste in die Prärie, um Abenteuer zu bestehen. Aber wenn ich mal groß bin und Old Shatterhand kommt zurück, dann nimmt er mich mit zu dem Apachen-Zeltlager, und dann zeigt er mir alles.«

»Quatsch mit Soße!«, sagte Michael. »Und deine Mama? Warum hat die sich nicht um dich gekümmert?«

»Na, die ist doch auch tot!«, rief ich. »Die ist doch schon in ›Winnetou II‹ gestorben! Weißt du das denn nicht?«

Ich war geschickt, ich war ein Schelm, ich war ein Genie! Ich hatte mir gerade nicht nur eine wasserfest abgesicherte Geschichte ausgedacht, die für Michael verdammt schwer zu widerlegen sein würde, sondern ihn auch gekonnt mit Wissenslücken konfrontiert bezüglich »Winnetou II«!

Schließlich war er ebenfalls ein Fan dieser Filme, die gerade vor kurzem mal wieder im ZDF ausgestrahlt worden waren. Er kannte sie eigentlich in- und auswendig.

Und Winnetou hatte ja tatsächlich eine Frau, die im zweiten Teil der Trilogie von einem Bösewicht feige umgebracht wurde. Warum, bitte schön, sollte das nicht meine Mama sein? Also meine richtige Mama – die andere kochte ja zu Hause gerade das Mittagessen.

Michael sagte jetzt gar nichts mehr. Ich hatte ihn plattgeredet. Aber ich merkte, dass es in ihm arbeitete. Und das reichte mir. Schweigend, beide in Gedanken versunken, fuhren wir noch eine Weile nebeneinanderher, bis uns unsere jeweiligen Nachhausewege voneinander trennten.

Es waren nicht die einzigen Storys über meine Herkunft, die ich im Ort bei Freunden und Klassenkameraden verbreitete.

Mal war ich Nachfahre vom kleinen Muck, mal kam ich aus dem Dschungel von Afrika, mal von den Eskimos vom Nordpol, wo es mir auf die Dauer einfach zu kalt gewesen war.

Ich brauchte diese Geschichten und hatte das Gefühl, dass meine Freunde sie ebenfalls brauchten. Sie erklärten, warum die Dinge so waren, wie sie waren.

Sie erklärten, warum ich nicht nur anders, so komplett anders aussah als der Rest meiner Familie, sondern auch als so ziemlich jeder in meinem Dorf, wo man Menschen aus anderen Ländern hauptsächlich aus dem Fernseher kannte.

Und mir selber erklärten sie etwas, wofür ich noch Jahre brauchen würde, um es vollständig zu begreifen.

# HATATİTLA İN HUDE

Natürlich blieben die Fantasiegeschichten, die ich fortan meinen Freunden erzählte, nicht so ganz ohne Folgen.

Michael fing mich eines Sonntagmorgens, als ich nichtsahnend zum Gottesdienst radelte, auf halber Strecke an einer dichtbewachsenen Kurve ab und fauchte mich an: »Du bist überhaupt nicht der Sohn von Winnetou!«

Nachdem ich ihn fast über den Haufen gefahren hatte, weil er so plötzlich, wie aus dem Nichts, auf die Straße geschossen war, kam ich erst einmal zum Stehen und schaute ihn eine Weile lang fragend an.

Ich schwieg und tat einfach so, als wüsste ich überhaupt nicht, wovon er sprach.

»Du weißt ganz genau, wovon ich spreche!«, durchschaute er mich umgehend. »Meine Mama sagt, du spinnst!«

Ich lächelte und entschied mich dafür, auf gleichgültig zu stellen.

»Na, wenn du meinst.«

Das provozierte ihn noch mehr. Er funkelte mich an, sein Kopf war rot angelaufen.

»Und dann hat sie gesagt, dass du deine richtigen Eltern überhaupt nicht kennst! Und deine anderen Eltern, die kennen die auch nicht! Du lügst!«

»Wenn du meinst«, wiederholte ich betont entspannt.

Innerlich tobte es aber in mir. Ich suchte verzweifelt nach einer Lösung aus dieser verflixten, ziemlich peinlichen Situation.

Beim Lügen ertappt zu werden war so etwa das Unangenehmste und Schlimmste, was einem Jungen meines Alters widerfahren konnte.

Es gab mich komplett der Lächerlichkeit preis. Und das vor allen! Dem Hohn, dem Spott, dem Dorfgespräch – ich war Freiwild! Denn was wusste ich denn schon, mit wie vielen meiner Freunde oder Schulgefährten er sich in Zukunft über meine kleine, unbedeutende Story das Maul zerreißen würde? Sich kaputtlachen würde? Mich an den Pranger stellen würde?

Ich atmete tief durch, wischte mir mit dem Ärmel den Schweiß von der Stirn und zwang mich dazu, über solche Horrorszenarien nicht weiter nachzudenken. Stattdessen versuchte ich, kühl und sachlich zu reflektieren: Wie, verdammt nochmal, komme ich da jetzt raus? Und gab mir sogleich die Antwort: Gar nicht. Keine Chance. Du bist im Arsch.

Trotzdem probierte ich es. Schließlich hatte ich nichts mehr zu verlieren.

»Du wirst schon sehen«, beharrte ich ganz einfach und ruhig auf meiner hanebüchenen Geschichte.

»Du wirst staunen, wenn Old Shatterhand plötzlich hier in Hude einreitet, auf seinem Pferd Hatatitla, und ich sitz dann da oben mit drauf! Dann werden dir die Ohren schlackern! Und dann kannst du deiner Mama ja gerne Bescheid geben, dass sie rauskommen soll aus ihrem Haus, um sich das dann einfach mal anzuschauen! Dann werden wir ja wissen, wer recht gehabt hat!«

Für einen Augenblick blitzte in seinen Augen so etwas wie Begeisterung auf.

Vermutlich stellte er sich gerade vor, wie es denn wäre, wenn ich tatsächlich recht hätte und seine Mutter nicht. Und er dann vielleicht ja sogar selbst eine Runde auf Hatatitla mitreiten dürfte, weil er immer an mich geglaubt hatte.

Wie wir dann gemeinsam mit Old Shatterhand durch den Ort trabten, unter dem Jubel des Dorfvolkes, das uns mit Palmenzweigen oder ähnlichem Kraut zuwinkte, als würden wir in Jerusalem einziehen.

Doch dann hatte Michael sich wieder gefasst, und seine Nüchternheit, die er von seinem Papa geerbt haben musste, der Postbeamter war, hatte die Schlacht gewonnen.

»Ja, ja, ja, erzähl du mal!«, winkte er ironisch ab. »Ich glaub dir kein Wort! Und dass ich mit dir zusammen weiter messdienere: Vergiss es! Das kannste knicken. Mit einem Lügner steh ich doch nicht vorm Altar! Heute ist das letzte Mal!«

Es wurde dann doch nicht das letzte Mal – so viele Messdiener gab es in unserer kleinen Kirchengemeinde schließlich auch nicht, als dass man sich seine Partner hätte aussuchen können. Wir beide waren halt die Kleinsten und wurden sowieso immer ungefragt zusammen eingeteilt.

Aber er sprach eine ganze Weile (gefühlte Monate, wahrscheinlich waren es aber nur Tage) kein weiteres Wort mehr mit mir, stellte sich stur, obwohl ich ihm ansah, dass er mir verflucht gerne geglaubt hätte.

Wahrscheinlich war er ja gerade deswegen so sauer auf mich: Er hatte mir die Story, als ich sie ihm erzählt hatte, fraglos abgenommen.

Und wenn ihm seine Mutter da nicht so übel hineingefunkt hätte, würde er das wohl auch immer noch tun. Eigentlich war nämlich sie die Schuldige. Sie hatte nicht nur meine harmlose Lügengeschichte, sondern obendrein Winnetous Macht entzaubert. Seine Macht, etwas mit unserem kleinen, beschaulichen Leben zu tun haben zu können.

Und so lauteten dann auch die ersten Worte, welche Michael nach langer, langer Funkstille eines Sonntagmorgens endlich wieder an mich richtete: »Sag mal, wann kommt er denn nun endlich, dein Old Shatterhand?« Und ich bin mir sicher, dass er diese Frage nicht scherzhaft meinte.

Nicole allerdings war nicht so blauäugig. Sie konnte sich weiterhin »Sindbad« mit mir anschauen, ohne mich dabei zu fragen, wie es denn nun wirklich in Bagdad sei.

Sie wusste, dass ich geflunkert hatte, nahm mir das aber weder übel, noch sprach sie mich jemals darauf an. Wir spielten auf unserem Rasen einfach weiter, als wäre nichts gewesen.

Und Markus? Der glaubt mir die Geschichte mit dem Prinzen aus Italien wohl heute noch. Und auch im Fußball dribbelte er mich nie wieder so aus, wie er es davor immer getan hatte. Das hätte sich auch nicht geschickt, schließlich war ich ja von blaublütiger Herkunft!

Ich hatte ihm Respekt eingeflößt. Insgeheim war ich Zeuge, wie er ein ums andere Mal anderen Kindern stolz erzählte, dass er jemanden kenne, der als Baby in einem Korb in unser Örtchen geschwemmt worden sei. Und er hatte ja auch recht! Anders konnte man sich das ja auch nicht erklären. Denn wie bitte schön sonst kam ein ausländisch aussehender Junge Anfang der siebziger Jahre ausgerechnet nach Hude?

Die meisten Gastarbeiter zog es schließlich in die Stadt. Da war dann doch ein kleines bisschen mehr für sie los.

So kam es, dass ich ganze neun Jahre alt werden musste, um meinen allerersten Ausländer zu sehen. Live und in Farbe! Und der ging dann sogar noch in meine Klasse.

# SCHUHCREME UND PAMPELMUSEN

Erdal war schon fast elf, als er uns in der 3a der katholischen Grundschule zum ersten Mal beehrte.

Das Erste, was mir an ihm auffiel, war sein Haarschnitt: Die Seiten waren kurz, in der Mitte hob sich das Haar, streckte sich, wohl mit Klebstoff gestützt, wie ich damals dachte, in die Höhe und mündete hinten in einem kleinen Pferdeschwanz.

Experten hätten das vielleicht auch 1982 schon als eine Art verunglückten Irokesen bezeichnet, ich selber aber überlegte: So sehen die da im Ausland also aus, wenn sie mal ihren Turban ablegen!

Obwohl es draußen regennasser Frühling war und bei Gott noch kein Hochsommer, trug er kurze Hosen und ein dünnes Polohemd, sodass ich auf seinem rechten Unterarm ein seltsames Zeichen entdecken konnte: ein eckiges Doppel-S, in schwarzer Schrift.

Das hatte er sich wohl selber dran gemalt, anders konnte ich mir das nicht erklären. Es sah ziemlich brutal aus, wie bei einem japanischen Krieger, welche sich in Zeichentrickfilmen ja auch immer mit unleserlichen Lettern bemalten, bevor sie angriffen.

War der Junge etwa ein »Halbstarker«, wie mein Bruder Axel, der sich manchmal mit Gleichaltrigen prügelte? Ein bisschen sah er jedenfalls danach aus.

Aber was mich an dem Typen vor allem faszinierte: Er war genauso braun wie ich!

Erdal stand neben Frau Koslowski, unserer Klassenlehrerin, etwas verdruckst, verlegen an seinem rosafarbenen Tornister fummelnd, der vor seinen Beinen baumelte, und diese Verlegenheit passte so gar nicht dazu, dass er bereits größer war als sie. Und eigentlich die ganze Zeit grinste. Ein richtiges Grinsegesicht war dieser Neue.

Ich fragte mich: War das ebenfalls typisch für Ausländer? Grinsten die da unten alle so? Ich überlegte, dass ich das in einer Neuauflage meiner Herkunftsgeschichte dann unbedingt einbauen musste.

»Das ist Erdal!«, stellte uns Frau Koslowski den Grinserich vor und war dabei bemüht, sich durch Rückenstreckung größer zu machen, als sie eigentlich war.

Ein Giggeln, Grunzen und Kichern breitete sich in unseren Reihen aus, als wir diesen sonderbaren Namen hörten, und auch ich konnte mir ein unterdrücktes Lachen nicht verkneifen.

Wie hieß der Kerl da? Erdal? Das klang doch irgendwie nach Fernsehwerbung!

»Vielleicht ist das ja gar nicht seine Hautfarbe«, flüsterte mir Andreas von hinten zu. »Vielleicht ist das ja Schuhcreme in seinem Gesicht!«

Ich verstand nicht sofort. »Häh?«

Andreas schlug sich an die Stirn.

»Mann, bist du bescheuert! Erdal! Damit machst du dir doch die Schuhe sauber!«

»Ruhe, gefälligst!«, zischte Frau Koslowski und schob sich ihre Nickelbrille auf die Nasenspitze. Das wirkte.

Wenn ihre Nickelbrille auf der Nasenspitze landete, wusste jeder: Ein weiterer Pieps, und es hagelte Hausarbeiten, Nachsitzen, In-der-Ecke-stehen, und manchmal sogar Linealschläge auf die Fingerspitzen.

Eigentlich war zu dieser Zeit die Prügelstrafe in Schulen bereits abgeschafft worden. Nur waren wir halt leider eine katholische Schule, und da lebte die bewährte Tradition noch munter ein paar Jahre weiter.

Frau Koslowski verharrte ein paar Sekunden in ihrer Pose, bis auch der leiseste Anflug von Flüstern, Kichern, Stuhlrutschen oder sonstigen Geräuschen endgültig aus dem Klassenraum entschwunden war.

Sie war schon eine recht betagte Dame, hager bis auf die Knochen, etwas bucklig, mit grauer Dauerwelle und für uns Kinder ohnehin nicht mehr weit vom Friedhof entfernt – heute weiß ich, dass sie damals gerade mal Anfang Fünfzig war.

Die Hitlerjahre und die Vertreibung aus Schlesien hatte sie einigermaßen gefasst überstanden, wie sie uns oft erzählte, doch nun merkte man ihr an, dass sie diesem seltsamen Geschöpf da neben sich etwas befremdlich gegenüberstand.

Sie rieb ihre Hände aneinander, als würde sie sie in der Luft waschen wollen, und trippelte von einem Fuß auf den anderen.

»Erdal wird ab heute Schüler in unserer Klasse sein«, erklärte sie mit dem breitesten Lächeln, zu dem sie fähig war, aber das wirkte ziemlich angespannt. »Vorher hat er in Oldenburg gelebt, und da ist er auch in die eine oder andere Schule gegangen. Aber eigentlich kommt er aus Anna ... Anna ...« Sie wandte sich Erdal zu und griff ihm an den Unterarm und – ob zufällig oder nicht – genau auf sein Doppel-S. »Wie heißt das noch gleich?«

»A-NA-TO-LI-EN!«, skandierte Erdal, mit dunklem Timbre (er war tatsächlich schon im Stimmbruch!), brüllte fast dabei, sichtlich stolz, etwas besser zu wissen als eine Lehrerin.

Ich konnte mir vorstellen, dass es nicht das erste Mal war, dass jemand Probleme hatte, dieses eigenartige Wort auszusprechen.

Und er fügte hinzu: »Da kommen aber nur meine Eltern her. Ich selber komm aus Kreyenbrück.«

Frau Koslowski lachte verlegen und ließ Erdals Arm wieder frei.

»Genau, ANATOLIEN«, bestätigte sie.

Auf seine letzten Worte aber ging sie nicht ein. Vermutlich hatte sie sie überhaupt nicht gehört.

»Das ist gaaaanz weit weg von hier. Weiß denn jemand, wo das ist?«, fragte sie in die Runde, wahrscheinlich, um davon abzulenken, dass sie wohl selber nicht so viel darüber wusste.

Ich meldete mich.

»Spanien!«, rief ich siegessicher und meinte, das einmal in einer Dokumentation im Fernsehen aufgeschnappt zu haben.

Frau Koslowski schüttelte den Kopf.

»Nein, Mathias, das verwechselst du vermutlich mit ANDALUSIEN, wo die Pampelmusen herkommen. ANDALUSIEN klingt so ähnlich, ist aber ganz woanders. ANATOLIEN ist in der Türkei. Das ist so weit weg, dass es schon gar nicht mehr in Europa ist. Und von dort kommen viiiele, gaaanz viele Leute her zu uns, die ein bisschen so aussehen wie Erdal und so ähnliche Namen tragen.«

Wieder machte sich ein Giggeln in der Klasse breit, diesmal aber um einiges verhaltener, sodass es Frau Koslowski vermutlich gar nicht mitbekam.

Katja meldete sich, von uns immer nur »Katjes« genannt. Sie war unsere Klassenbeste und trug braune Zöpfe, eine dicke Brille und eine Zahnspange: »Und wieso sind dann Erdals Eltern hierhergekommen, wenn es so weit entfernt von hier ist?«

Frau Koslowski lächelte ihr milde zu.

»Eine gute Frage, Katja. Eine sehr gute Frage.«

Sie wandte sich wieder an uns.

»Ja, wer kann uns das sagen?«, fragte sie in die Klasse. »Weiß das etwa jemand?«

Markus wusste es, mein alter Fußballfeind: »Da unten ist es so heiß, da können die alle vor lauter Hitze überhaupt nicht arbeiten. Deswegen verdienen die kein Geld und müssen zum Geldverdienen zu uns kommen. Sonst können sie sich ja nichts kaufen.«

Da Frau Koslowski leise zu lachen begann und zu Erdal blickte, der dann wohl mehr aus Höflichkeit in ihr Lachen einfiel, lachten auch alle anderen, ich eingeschlossen. Ohne genau zu wissen, worüber. Nur Markus lachte nicht, der das doch vollkommen ernst gemeint hatte.

Anschließend räusperte sich Frau Koslowski und sagte: »Naja, so ganz unrecht hast du ja nicht damit, Markus.«

Obwohl keiner mehr etwas sagte, klatschte Frau Koslowski in die Hände und rief: »Ruhe jetzt!« – wahrscheinlich, weil sie nicht wusste, was sie denn noch zu diesem Thema erzählen sollte, weder zu Anatolien, Andalusien, den Pampelmusen, noch zu Erdals seltsamem Aussehen, das sie immer wieder verstohlen von der Seite betrachtete.

Um die Sache abzuschließen, schob sie ihn ein Stück weiter von sich weg, der Klasse zu, und sagte: »Erdal wird sich bestimmt gut bei euch einfügen. Nehmt ihn nett auf. Wenn er Fragen hat, beantwortet sie ihm. Aber er ist ja auch nicht mehr ganz so klein. Immerhin ist er ja schon viel älter als ihr, nicht wahr, Erdal?«

Sie blinzelte ihm zu.

»So, dann setz dich jetzt. Neben Mathias ist noch ein Platz frei.«

# NAZI MIT SAMENERGUSS

Wie Frau Koslowski ausgerechnet darauf kam, Erdal neben mich zu setzen, war mir ein Rätsel. Schließlich gab es viele andere freie Plätze.

Tatsächlich tat ich mich schwer mit diesem seltsamen Typen an meiner Seite. Ich fühlte mich beengt von ihm und irgendwie bedroht.

Er war so groß, so breit, seine Ellbogen legte er stets auf meiner Tischhälfte ab, und sein Haarlack stank zu mir herüber. Und dann dieses dämliche Dauergrinsen, das ich sogar wahrnahm, wenn ich ihn nicht ansah. Dieser Junge machte mich eindeutig nervös.

Manchmal kippelte ich absichtlich nach hinten, um ihn von der Seite unbeobachtet betrachten zu können. Dann bemerkte ich erst, wie ähnlich er mir war – wenn man von seinem bescheuerten Haarschnitt einmal absah.

Seine Nasenflügel waren so breit wie meine, er hatte ebenfalls einen Stiernacken und genau wie ich einen kleinen Buckel. Nur seine schwarzen Locken waren nicht so ausgeprägt wie meine, es waren eher Wellen, und ich hätte sie gerne gegen meine störrischen Filzdrähte eingetauscht, die mir jeden Morgen das Kämmen zur Folter machten.

Die ersten zwei Tage sprach ich überhaupt nicht mit ihm, ich glaube auch nicht, dass jemand anderes aus der Klasse das tat.

Das lag aber nicht daran, dass sich keiner für ihn interessierte. Im Gegenteil: Wir schienen alle eine gewisse Ehrfurcht vor ihm zu haben. Wir wussten halt nicht, was geschehen würde, wenn wir einfach mal so, aus heiterem Himmel, das Wort an ihn richteten.

Für uns war er ein bisschen wie der biblische Goliath aus dem Religionsunterricht, so groß, so breit, so alt – jemand, den man aus der Ferne bestaunte, aber dem man besser nicht zu nahe kam.

Und dann seine ganze Erscheinung: wie aus einer anderen Welt. Genau das stimmte ja auch irgendwie.

Zudem wirkte er nicht gerade so, als würde er sich unbedingt mit einem von uns abgeben wollen. Er hing stets gelangweilt über seinem Tisch, den Kopf meist auf seine Handflächen gestützt, und starrte dabei ins Leere.

Da aber dieses dämliche Grinsen wirklich keine einzige Sekunde lang aus seinem Gesicht wich, fragten wir anderen uns dann doch gegenseitig in der Pause auf dem Schulhof, was in diesem eigenartigen Kerl eigentlich so vorging.

»Er nimmt uns überhaupt nicht ernst!«, klagte Martin. »Der denkt doch, wir sind alberne Kinder, und das nur, weil er schon fast elf ist!«

»Ich hab mal gehört, dass die Ausländer im Kopf nicht so ganz dicht sind, jedenfalls nicht so dicht wie wir«, berichtete Klara, unser pausbäckiger Rotschopf, der, ob Sommer oder Winter, immer mit Strickpullovern in die Schule kam. »Und deswegen ist er wahrscheinlich auch sitzen geblieben und musste die Schule wechseln. Habt ihr bemerkt, dass er sich noch kein einziges Mal im Unterricht gemeldet hat?«

Ein paar nickten, doch keiner sagte etwas. Jeder überlegte angestrengt.

»Ich glaube, er ist ein Nazi«, sagte ich mitten in die Stille hinein.

»Ein was?«, fragte Andreas, der mich vor ein paar Tagen wegen der Schuhcreme zurechtgewiesen hatte. Diesmal war nun er es, der sich schwer mit dem Verstehen tat, und ich es, der sich voller Genugtuung ob seiner Unwissenheit an die Stirn schlagen konnte.

»Ein Nazi, Mensch! Weißt du nicht, was das ist? Das ist einer, der zum Frühstück Menschen verspeist! Habt ihr nicht auf seinem Arm dieses Zeichen bemerkt? Da steht SS! Ganz groß! Und das ist das geheime Erkennungszeichen der Nazis! Wenn ein anderer Nazi das sieht, dann freut er sich und zeigt ihm dann sein eigenes Zeichen. Und dann sind sie schon zu zweit, und wenn sie irgendwann ganz viele sind, dann fallen sie über uns her und fressen uns!«

»Du hast sie doch nicht alle!«, urteilte Martin, der Winzling unserer Klasse. Doch merkte ich an seiner gekräuselten Stirn und den leicht geweiteten Pupillen, dass er bei meiner Erzählung ein wenig Furcht bekommen hatte. »Woher willst du das denn alles wissen?«

Das konnte ich ihm natürlich nicht beantworten. Wie meistens bei mir bestanden meine felsenfest behaupteten und mit voller Inbrunst dargebrachten Informationen aus einer Mischung aus Halbwissen, das ich in Büchern, im Fernsehen oder von Erwachsenengesprächen aufgeschnappt hatte, und meiner manchmal allzu sehr auf Panik getrimmten Fantasie. Aber das durfte ich selbstverständlich nicht zugeben. Lieber schwieg ich und nickte nur wissend, während sich die anderen schon wieder dem Klettergerüst zugewandt hatten, da ihnen das Gespräch mittlerweile zu abstrus geworden war.

Doch um für die nächste große Pause einen Trumpf im Ärmel zu haben, nahm ich mir vor, Erdal einfach mal auf meine These hin anzusprechen. Vielleicht gab er es ja zu, dass er ein Menschenfresser war. Als wir alle wieder in den Klassenraum zurückgekehrt waren, saß er wie immer gelangweilt auf seinem Platz und kaute die Reste seines Brötchens. Wahrscheinlich hatte er den Raum in der Pause gar nicht verlassen, wie er es eigentlich niemals tat – zumindest sah ich ihn nie auf dem Schulhof.

Ich ließ mich neben ihn auf meinen Sitz fallen, tat unbeeindruckt, raschelte ein wenig mit meinen Heften herum, doch innerlich kratzte ich all meinen mir möglichen Mut zusammen. Auch auf die Gefahr hin, dass ich gerade mit meinem Leben spielte, wandte ich mich ihm zu.

»Bist du ein Nazi?«, fragte ich, nachdem ich eine Weile vergeblich darauf gewartet hatte, dass er meinen durchdringenden Blick erwiderte.

Doch plötzlich drehte er ganz langsam, als könnte er ihn nur unter großer Anstrengung bewegen, seinen Kopf in meine Richtung. So langsam, dass ich nun wirklich Angst bekam, ihm die falsche Frage gestellt zu haben. Und jetzt sofort, auf der Stelle, sozusagen als Strafe dafür, von ihm verspeist werden würde.

»Häh?«, quiekte er, wobei seine Hasenzähne hervorblinkten.

Jetzt ist es so weit, dachte ich. Jetzt frisst er mich! Aber das Dauergrinsen hatte sein Gesicht nicht verlassen. Im Gegenteil. Es war noch breiter geworden.

Seine Augen leuchteten in mildem Glanz, und der ganze Kerl wirkte nun plötzlich überhaupt nicht mehr so bedrohlich.

Da er immer noch fragend zu mir herüberschaute, wies ich mit dem Finger auf seinen rechten Unterarm. Sein Blick folgte meinem Finger. Es dauerte ein paar Sekunden, dann prustete er los.

»Du Idiot!«

Er knuffte mir mit der Faust in die Brust. Und das kitzelte eher, als dass es schmerzte.

»Das ist doch Kiss!«

Damit zog er den Stoff seines Polohemdes nach oben, und ich entdeckte zwei ähnlich gezeichnete Buchstaben wie das Doppel-S: »K« und »I«.

Ich zuckte hilflos mit den Schultern.

Kiss?

Was wollte er mir denn damit sagen? War das eine anatolische Geheimorganisation? So etwas wie die Nazis der Türken?

Er griff in seinen Tornister und zog eine Zeitschrift heraus, auf der vorn in gelbroten Lettern das Wort »Popcorn« prangte.

Diese Zeitschrift kannte ich bereits von meinen Brüdern, und für mich war sie eines von den Dingen, die das Reich der Kinder von dem der Jugendlichen trennten.

Und von denen waren es auch nur die »Coolen«, die »Popcorn« oder auch »Bravo« lasen und sich so etwas wie »Disco« oder »Musikladen« im Fernsehen anschauten.

Aha, dachte ich. Zu denen gehört also auch Erdal!

Er blätterte eine Weile angestrengt – es war das erste Mal, dass ich ihn so engagiert erlebte –, und schließlich hatte er gefunden, was er suchte.

»Kiss!«, rief er, mit unverhohlenem Stolz, und schob die Zeitschrift auf meine Tischhälfte.

Mein Blick fiel auf ein Foto mit einer Gruppe langhaariger Männer, deren Gesichter weiß angemalt waren, die ihre Zungen herausstreckten und eckige Gitarren umgehängt hatten.

»Das sind Rocker!«, erklärte er mir. »Und was für welche!«

»Kommen die auch aus Anatolien?«, fragte ich zurückhaltend.

Sein Grinsen wurde breiter.

»Nein, aus Andalusien.«

Das war eine Anspielung auf meinen Fauxpas an seinem ersten Tag bei uns, aber für Ironie war ich noch ein bisschen zu jung, und so nahm ich das selbstverständlich für bare Münze.

Umgehend stellte ich mir eine Gruppe Männer vor, die ständig Pampelmusen aßen und dadurch im Gesicht immer weißer und weißer wurden.

Dass ich ihm glaubte, schien ihn noch mehr zu belustigen.

»Wenn du mich mal besuchen kommst«, schlug er mir vor,

»hören wir uns Platten von denen an. Ich schwör dir, Alter, von Kiss kriegst du 'n Samenerguss!«

Ich erschrak.

»Einen was bitte?«

Er lachte auf.

»Na, so 'n richtig fetten Abspritzer! Da wird dein Pimmel zum Wolkenkratzer, Mann! Zur Wasserstoffbombe!«

Er setzte sich breitbeinig hin und fuhr mit beiden Händen in Schritthöhe gleichmäßig in der Luft hin und her.

Dabei stöhnte er, sein Stöhnen wurde lauter und lauter, schließlich verharrte er in der Bewegung, als hätte er einen plötzlichen Krampf und spuckte anschließend kräftig nach oben.

Ein paar Spritzer landeten auf meinem Tisch und der aufgeschlagenen »Popcorn«, der Rest verteilte sich auf Erdal und dem Fußboden.

»WIE war das?«, fragte Frau Koslowski.

Ich hatte sie weder kommen gehört noch gesehen, ich denke, Erdal noch weniger.

Doch trotzdem stand sie da, ins Klassenzimmer gebeamt wie Captain Kirk, kerzengerade vor unserem Tisch, und stierte direkt auf diesen großen Jungen mit dem komischen Haarschnitt, der immer noch in breitbeiniger »Samenerguss-Pose« auf seinem Stuhl saß und sich nicht zu rühren wagte.

Sie wiederholte ihre Frage, mit bedrohlicher Langsamkeit. Dennoch zischten ihr die Worte nur so über die Lippen: »Was hast du da gesagt, Erdal Özgür?«

Es war das erste Mal, dass ich Erdals vollständigen Namen hörte. Und ich merkte, wie Frau Koslowski diese fremden, exotischen Worte bewusst in die Länge zog, jeden Buchstaben auf das Genaueste betonte, als hätte sie vor, sie Erdal Silbe für Silbe um die Ohren zu hauen.

Mir stockte der Atem. Auch ich wagte mich nicht zu bewegen. Ich glaube, niemand in der Klasse tat das.

Ein paar Augenblicke zuvor war es im Raum noch turbulent zugegangen, der Geräuschpegel war am Limit, es wurde getobt. Doch davon war nun nichts mehr zu spüren. Erdal erwiderte Frau Koslowskis Blick, ohne sein Dauergrinsen zu verlieren.

»Häh?«

Frau Koslowskis Augen zogen sich immer mehr zusammen, schienen jetzt bloß noch aus zwei engen Schlitzen zu bestehen.

Und nun, beinahe in Zeitlupe, ohne auch nur für eine Sekunde Erdal aus ihrem Killerblick zu befreien, schob sie ihre Nickelbrille auf die Nasenspitze. Was, wie ja schon gesagt, normalerweise nichts Gutes verhieß.

»Das heißt nicht ›Häh?‹«, zischte sie. »Das heißt ›Wie bitte?‹!«

»Wie bitte?«, wiederholte Erdal kleinlaut.

Sein Grinsen hatte sich etwas zurückgezogen.

»Ich will wissen, was du da eben gesagt hast, dieses Wort mit S!«

»Kiss?«, kam es immer leiser und schüchterner aus ihm heraus. Dabei deutete er auf die »Popcorn« auf meinem Tisch.

»Solche Sachen wollen wir hier nicht sehen!«

Frau Koslowski riss das Heft hoch, rollte es zusammen und wedelte mit ihm umher.

»Die werde ich behalten, bis dein Vater zum Elternsprechtag kommt. Dann wird er mir beantworten müssen, wieso sein Sohn solches Zeug liest und solche Wörter in den Mund nimmt!«

Sie wandte ihm den Rücken zu, das Gespräch war für sie beendet. Doch ich spürte, dass es im Vergleich zu anderen ihrer Ausraster diesmal lange dauern würde, bis sie sich wieder beruhigt hatte.

Am Lehrerpult angekommen, fuhr sie noch einmal herum.

Sie heftete einen letzten Mörder-Blick an Erdal, der langsam wieder aus seiner Bewegungsstarre erwacht war, weil er wohl glaubte, das Schlimmste hinter sich zu haben, und zischte: »Dir werden wir schon Manieren beibringen. Schließlich sind wir hier in Deutschland, nicht in Anatolien.«

Es war immer noch mucksmäuschenstill in der Klasse. Keiner traute sich, auch nur in die Richtung von Erdal zu schauen.

Der saß wieder stocksteif auf seinem Stuhl und sah mit verdecktem Gesicht zu Boden.

Als ich versuchte, einen Blick darauf zu erhaschen, merkte ich, dass sein Dauergrinsen immer noch nicht verschwunden war.

»Anna ... Anna ... Anatolien«, flüsterte er vor sich hin, und seine Augen funkelten verschmitzt.

# SPIEGELEIER OHNE MAMA

Es dauerte ein paar Wochen, bis ich in den Genuss kam, Erdals »Kiss«-Platten vorgespielt zu bekommen.

Und das, obwohl wir einen Teil des Schulwegs miteinander teilten und es ein Leichtes gewesen wäre, ihn nach dem Unterricht einfach mal zu besuchen.

Wenn ich morgens zur Schule radelte, sah ich ihn allerdings nie – er kam meistens auf den letzten Drücker in den Klassenraum, zu spät oder manchmal auch gar nicht.

Mittags aber fuhren wir oft gemeinsam los, holperten zu zweit den Kiesweg hinunter, der am Flüsschen entlanglief, die enge Bahnunterführung hindurch, an der wir sicherheitshalber abstiegen, weil die Gefahr zu groß war, ins Schlingern zu kommen und trotz einer provisorischen Eisenabsperrung im Wasser zu landen.

Hinter der Unterführung empfing uns die Hauptstraße, an der sich dann unsere Wege trennten: Erdal fuhr rechts entlang, ich links, jeweils noch einige Straßen weiter.

Seit der Sache mit der »Popcorn« und dem »Samenerguss« hatte mich Erdal zu einer Art persönlichem Vertrauten auserkoren. Ich war in seiner Gunst aufgestiegen.

Eigentlich seltsam, denn schließlich war ich es ja gewesen, der ihn mit kindischen Fragen überhaupt dazu gebracht hatte, die Zeitschrift herauszuziehen und über seine Lieblingsband so unflätig ins Schwärmen zu kommen.

Aber das schien er mir nicht übel zu nehmen – im Gegenteil. Er wirkte glücklich darüber, dass ihn überhaupt jemand aus der Klasse nach dem Zeichen auf dem Arm und »Kiss« gefragt hatte.

Trotz der unmissverständlichen Worte Frau Koslowskis ließ er es sich nicht nehmen, fortan weitere »Popcorns« aus seinem rosa Tornister hervorzuzaubern, aus denen er mir in den Unterrichtspausen neue Fotos und Berichte über die Rocker mit den weißen Gesichtern präsentierte.

Mein Interesse für diese eigenartig anrüchige Welt mit den verrückten Männern in der verbotenen Zeitschrift war ja auch durchaus vorhanden.

Und so schien es folgerichtig, dass er mir eines Tages, als wir die Bahnunterführung durchkämmt und die Hauptstraße erreicht hatten, den Weg abschnitt, den ich gerade links einschlagen wollte, und mir verschwörerisch zuflüsterte: »Heute bist du fällig, Alter!«

Ich verstand nicht recht. »Was meinst du?«

»Heute kommst du mit!«, lachte er. »Ins ›Kiss‹-Hauptquartier! In die Freak-Zentrale! Zur Ultra-Show!«

»Ich soll dich besuchen kommen?«, folgerte ich und blickte auf meine Armbanduhr, die ich erst kürzlich von meinem großen Bruder geerbt hatte, weil dieser nun eine »Quarz« trug. »Das geht nicht. Meine Eltern wollen, dass ich immer gleich nach der Schule nach Hause fahre. Ist in letzter Zeit öfter spät geworden, weil ich so lange mit Markus gebolzt hab.«

»Nun komm schon«, drängte er und fuhr noch ein paar Runden um mich herum. »Hab dich nicht so. Ne Stunde! Du wirst es nicht bereuen, Alter!«

Das glaubte ich ihm sogar. Allerdings aus anderen Gründen, als er dachte.

Vor allem interessierte mich nämlich, wie ein ausländischer Junge wie Erdal denn so wohnte.

Ob es bei ihm bunte Turbane und fliegende Teppiche gab? Verzierte Metallbottiche, die man nur zu reiben brauchte, und schon sprangen Geister heraus, die einem jeden Wunsch erfüllten?

Neben solchen Verheißungen waren die Platten von »Kiss«, dieser andalusischen Gruppe, nur müdes Beiwerk, aber durch all die kuriosen Fotos und Geschichten aufgeheizt, die mir Erdal präsentiert hatte, war ich nun natürlich auch gespannt auf ihre Musik.

Also ließ ich mich breitschlagen.

Ich wendete mein Fahrrad und fuhr ausnahmsweise rechts herum, hinter Erdal her, geradewegs zu ihm nach Hause.

Wir parkten unsere Räder im verwilderten Vorgarten einer Doppelhaushälfte, und Erdal öffnete die Tür mit seinem Schlüssel. Was mich umso mehr verwunderte, da ich selbst ja noch nicht mal einen Schlüssel für unser Haus besaß.

Wozu auch: Meine Mama war immer daheim, wenn ich von der Schule oder vom Spielen kam, und falls das durch einen dummen Zufall mal nicht der Fall war, weil sie gerade einkaufte oder jemanden besuchte, öffnete mir wenigstens einer meiner Brüder die Tür.

Als ich aber mit Erdal durch dessen Haustür trat, bemerkte ich, dass er diesen Schlüssel auch durchaus nötig hatte. Niemand war da drinnen, der auf ihn wartete, und Erdal schien das seltsamerweise auch nicht zu vermissen. Ich selber hätte da in einer solchen Situation sicherlich ganz anders reagiert.

Ich blickte mich um und war auf der Stelle enttäuscht. Keine fliegenden Teppiche waren zu sehen, keine orientalischen Verzierungen, Wandgemälde oder sonstiger Schmuck.

Im Gegenteil: kalte Funktionalität, sterile, nackte Wände, grauer Bodenbelag. Irgendwie hatte ich mir alles bei ihm ganz anders vorgestellt. Viel bunter, lustiger, schriller. So, wie Erdal schließlich auch aussah!

Er streifte sich die Turnschuhe von den Füßen und bog in die kleine Küche ab, die vom Flur abzweigte. Er steuerte auf den Kühlschrank zu, riss die Tür auf.

»Hast du Hunger?«, rief er zu mir herüber.

Ich war es nicht gewohnt, woanders als zu Hause zu essen. Und noch weniger, dass ein Schulfreund mir das Essen zubereitete. Wenn mich wenigstens seine Mama gefragt hätte.

Aber Erdals Kochkünsten traute ich irgendwie nicht.

Also sagte ich vorsichtshalber: »Nein.«

»Okay«, erwiderte er, zuckte mit den Achseln und machte sich an einem Berg Töpfen und Pfannen zu schaffen, der sich auf der Spülablage türmte. »Ich hau mir jedenfalls ein paar Eier rein.«

Während er eine der Pfannen mit Butter bestrich, sie auf der Herdplatte erhitzte und rohe Eier hineinschlug, beobachtete ich ihn mit großen, ungläubigen Augen. Ein Junge, der sich selber sein Mittagessen machte, vertrug sich schließlich so überhaupt nicht mit dem, was ich bisher vom Leben zu wissen glaubte. Dabei erzählte er mir, dass ihre kleine Wohnung in der Doppelhaushälfte nur gemietet wäre. Und dass im oberen Stock die Vermieterin wohnte, Frau Seifert, die ich sogar kannte, weil sie mir nach dem Gottesdienst immer zehn Pfennig Trinkgeld zusteckte, wenn ich vor dem Altar ministriert hatte. Aber das sagte ich ihm nicht, das wäre mir zu kindisch vorgekommen.

»Hast du keine Geschwister?«, fragte ich ihn lieber und schaute zu, wie er sich die gebratenen Eier auf einen Teller schob.

Bedrohlich zischte dabei das Fett.

Er lachte. »Nein, die brauche ich nicht.«

Ich verstand nicht recht. Meinte er das jetzt ernst?

»Und wo sind deine Eltern?«, probierte ich es weiter.

»Mein Papa arbeitet«, sagte er, während er sich ein mächtiges Stück Ei in den Mund schob. »Der kommt immer spät nach Hause.«

»Und deine Mama?«

Er lachte. »Die gibt es nicht.«

»Was heißt das: Die gibt es nicht?«

»Na, was wohl.«

Ohne sich vom Teller wegzubewegen, riss er ein gerahmtes Foto von der Wand, das ich erst jetzt bemerkte. Er hielt es mir entgegen, und ich betrachtete es verstohlen.

Man sah darauf einen ziemlich beleibten Mann, eine zierliche Frau und ein Baby vor einer Palme.

»Das ist bei Opa und Oma in Anatolien entstanden. Schon lange her. Das Baby bin ich. Süß, was?«

Ich nickte. Obwohl ich fand, dass er ziemlich zerknautscht aussah. Und von seinem Dauergrinsen war damals noch nichts zu sehen.

»Die Frau da ist meine Mama«, fuhr er kauend fort. »Ich hab nich' viel von ihr gehabt. Ein paar Monate später ist sie gestorben.«

»Oh«, machte ich, ohne genau zu wissen, was ich damit eigentlich meinte. Und ohne es mir vorstellen zu können, wie es sich anfühlen würde, eine tote Mutter zu haben.

»Bist du etwa ganz allein mit deinem Papa?«, fragte ich.

Auch das konnte ich mir nicht ansatzweise vorstellen.

Mein eigener Papa war ein recht unnahbarer Mensch. Mit ihm allein aufzuwachsen wäre vermutlich eine ziemlich langweilige Angelegenheit geworden.

»Ja, wenn er mal da ist«, sagte Erdal und schob sich seinen letzten Bissen Ei in den Mund.

»So, und jetzt folge mir in mein Zimmer«, erklärte er feierlich, stand auf und wies mit dem Finger auf das Doppel-S auf seinem Unterarm.

»Denn jetzt bist du fällig!«

Ich war tatsächlich fällig. Aber weniger durch Erdals »Kiss«-Platten, die er mir die kommenden drei Stunden in Endlosschleife vorspielte, als vielmehr durch meine Eltern.

Als ich gegen 17 Uhr mit hochrotem Kopf, weil ich mich so

entsetzlich beeilt hatte, zu Hause eintraf, empfing mich mein Vater bereits mit grimmiger Miene am Eingangstor zu unserem Grundstück.

»Wo hast du dich rumgetrieben?«, schimpfte er, und ich merkte ihm deutlich an, dass er sich Sorgen gemacht hatte.

Er war verschwitzt und wirkte aufgelöst. Und eigentlich verlor er nur selten seine Fassung. »Ich bin zwei Mal beim Fußballplatz vorbeigefahren. Aber du warst nicht da!«

»Ich war ja auch nicht beim Fußballplatz«, antwortete ich trotzig und schob mein Fahrrad in die Garage. »Ich war bei ... einem Schulfreund.«

»Und warum rufst du dann nicht an?«, schnaufte er und lief aufgeregt hinter mir her.

»Er hat kein Telefon«, log ich.

Ich konnte ihn dabei nicht ansehen.

Natürlich musste ich davon ablenken, dass ich bei dem ganzen »Kiss«-Gehöre (vier ganze Alben ackerten wir während des Nachmittags durch!) überhaupt nicht daran gedacht hatte, zu Hause anzurufen. Und das, obwohl ich mit der Musik eigentlich so gar nichts anfangen konnte. Jedes Lied klang irgendwie gleich, und ich entschied schon bei der ersten Platte, dass andalusische Rhythmen nicht wirklich mein Fall waren. Was ich Erdal selbstverständlich nicht wissen ließ.

Nun schaltete sich auch meine Mutter ein, die die Diskussion an der geöffneten Haustür mitverfolgt hatte: »Welcher von deinen Freunden hat denn kein Telefon? Wir haben sie alle angerufen, Markus, Michael, Nicole, bei niemandem bist du gewesen!«

»Stimmt, bei denen war ich ja auch nicht«, gestand ich.

Und war ein wenig stolz darauf, dass ich mir vornahm, meine Eltern vom jetzigen Moment an nicht weiter anzulügen.

Sie verzog das Gesicht und stellte sich vor mich: »Bei wem dann?«

Unverzüglich blickte ich zu Boden, als würde sie mich zwingen, ein Verbrechen zu gestehen.

»Ich . . . ich war bei Erdal.«

Mein Vater zog die Stirn in Falten.

»Bei was warst du?«

»Erdal«, wiederholte ich ruhig. »Mein neuer Mitschüler. Er hat mich eingeladen. Einfach so.«

»Einfach so?«, wurde er plötzlich laut. »Wer ist denn das: Erdal?«

»Na, der aus der Türkei«, flüsterte ihm meine Mama zu.

»Aus Anatolien!«, korrigierte ich, vor allem, um zu zeigen, dass ich ihr Flüstern sehr wohl mitbekommen hatte. »Und eigentlich sind auch nur seine Eltern von da. Er selber kommt von Kreyenbrück!«

Ich beobachtete, wie mein Vater meine Mutter fragend anblickte. Die stöhnte nur und zuckte mit den Achseln. Ich schob mich an der Haustür an ihr vorbei.

»Ab morgen kommst du sofort nach der Schule nach Hause!«, polterte mein Vater noch, als ich längst schon meinen Ranzen in den Flur geschleudert hatte. »Sonst setzt es Fernsehverbot. Und das für mindestens einen Monat!«

# SKATEBOARDS UND DATTELN

Es setzte Fernsehverbot. Und zwar für mehr als einen Monat. Doch dafür konnte weder ich etwas noch Erdal. Daran waren die Großen schuld.

Aber von ihnen traute ich mich meinen Eltern nicht zu erzählen. Warum, weiß ich selber nicht. Hätte ich es getan, wäre vermutlich vieles nicht passiert.

Sie kamen vom Schulzentrum, dem sogenannten »Huder Bach«, der berüchtigten Haupt- und Realschule.

Von dort schwappten eh Schauergeschichten zu uns herüber: Siebtklässler wurden »getauft«, indem man sie in der Pause in den nahegelegenen See warf, die dünnen Wände des Siebziger-Jahre-Baus waren ein ums andere Mal von prügelnden Kids eingedrückt worden. Das erzählten mir jedenfalls meine Brüder, die das wissen mussten, weil sie selber diese Schule besuchten.

Die drei unbekannten Jungs, die an der Bahnunterführung herumlungerten, welche Erdal und ich jeden Mittag passieren mussten, gehörten ganz sicher dem übelsten Auswurf von dort an.

Sie trugen enge, zerrissene Jeans, schulterlange Haare und fuhren Skateboard (eine recht waghalsige Angelegenheit auf dem unebenen Kiesweg am Flussufer, aber das schien wohl auch der Reiz dieser Aktion zu sein).

Als Erdal und ich gerade in die Unterführung einbiegen wollten, stellten sich zwei von ihnen mit ihren Boards quer vor unsere Fahrräder und schnitten uns den Weg ab.

»Hey, ihr Negerköppe!«, empfing uns der eine.

Er war breit wie ein Bär, trug eine beigefarbene Jacke mit vielen Taschen und Knöpfen, welche fast militärisch wirkte.

Ich kannte eine solche Bekleidung von meinem Bruder Axel, die er stolz »Schimanski-Jacke« nannte. Weil Götz George in den neuen »Tatorts«, die ich nie sehen dufte, aber über die sich meine beneidenswerten Freunde angeregt auf dem Schulhof unterhielten, anscheinend dasselbe Modell trug.

»Nicht so eilig!«, rief Schimanski. »Wo wollt ihr Riesenbabys denn hin?«

Ich bremste abrupt, genau wie Erdal das tat. Und genau wie ihm fehlten mir die Worte.

Wir schnauften nur, teils wegen der Bremsung, teils aus Panik. Und weil wir uns fragten, warum dieser Junge uns denn »Riesenbabys« nannte, wo wir doch so viel kleiner waren als er. Zudem empfand ich »Negerköppe« auch nicht unbedingt als nette Begrüßung.

Wir gafften ihn und seine Freunde mit aufgerissenen Augen an, als wären sie geradewegs vom Himmel gefallen, direkt vor unsere Füße.

Diese Typen waren mindestens fünf Jahre älter als wir. Selbst Erdal, der sämtliche Jungs in meiner Grundschule mühelos umgehauen hätte, wenn es denn sein Ziel gewesen wäre, traute sich nicht, jetzt einfach weiterzufahren. Wir wären mit unseren Rädern ohnehin nicht an ihnen und ihren Skateboards vorbeigekommen.

Es half nichts. Das mussten wir nun wohl aushalten. Und hoffen, dass die Kerle nur ein freundliches Gespräch mit uns führen wollten.

Doch es war ausgerechnet Erdal, der meinen unschuldigen Optimismus mit einem einzigen Satz zerschmetterte.

»Lasst uns durch, ihr Lackaffen!«, rief er und streckte seine Brust heraus.

Ich schrak zusammen. War das jetzt klug gewesen?, fragte ich mich. Ich fürchtete, nicht. Denn das sah mir doch ganz nach einer Kriegserklärung aus. Und so etwas brauchten eigentlich weder Erdal noch ich.

Prompt wandte sich der Bär mit der Schimanski-Jacke Erdal zu. Seine Laune hatte sich verschlechtert.

»Sag mal, spinnst du, du dämlicher Türke mit dem dummen Haarschnitt?«

Erdal blickte ihn an. Seine Augen spien Funken. Doch das Gesicht grinste unvermindert.

»Ich hab dich gefragt, ob du spinnst?«

Erdal sagte nichts. Er stand einfach nur da, Auge in Auge mit dem Jungen, der mindestens einen Kopf größer war als er. Aber das schien keinen besonderen Eindruck auf Erdal zu machen.

Das registrierte Schimanski und ließ nach einer Weile von ihm ab.

»Okay«, meinte er, »hab schon verstanden, ihr könnt beide kein Deutsch. Kanaken, was?«

Er lachte abfällig und spuckte mir vor die Füße.

»Tja, aber wenn ihr weiter in Deutschland unterwegs sein wollt, dann brauchen wir von euch Wegezoll.«

Erdal und ich sahen uns an. Wegezoll? Was sollte das denn sein? Und wie kam er darauf, dass wir »Kanaken« seien und kein Deutsch könnten?

Doch Schimanski verstand, was er verstehen wollte, nämlich, dass wir tüchtig auf dem Schlauch standen.

»WE-GE-ZOLL! DU YOU ANDERSTEND? Ihr versteht wohl überhaupt nix, ihr Nigger?! Aber ohne kommt ihr hier nicht durch! Also was habt ihr dabei?«

Wir schwiegen. Was hätten wir auch sagen sollen? Die Situation wurde immer unangenehmer. Ich begriff nicht, warum er uns so hässliche Worte an den Kopf warf. Konnte er nicht vernünftig mit uns reden?

»Was habt ihr dabei?«, wurde er lauter.

Plötzlich griff er mit beiden Händen mein Vorderrad und wuchtete es mit einem solchen Ruck in die Höhe, dass ich rücklings nach hinten stürzte.

Nur mein Ranzen, den ich fest auf dem Rücken trug und der den Sturz abfederte, bewahrte mich vor einem schmerzhaften Aufprall. Und um ein Haar wäre ich im Wasser gelandet, nur die provisorische Eisenabsperrung und ein paar Sträucher trennten mich davon.

Nun, da ich im Dreck lag, auf dem staubigen Kiesweg, mich dort ebenfalls nicht zu rühren wagte und um mein Leben fürchtete, zeigte sich Erdal kooperativ.

»Ich hab Wegezoll!«, rief er den Jungs zu, die gerade anfingen, mich ob meiner jämmerlichen Situation kräftig auszulachen. »Wenn ihr unbedingt was haben wollt!«

Schimanski drehte sich zu seinen Kompagnons um. Der Kleinere hielt sein Skateboard wie eine Waffe unter dem Arm, der dicke Blonde lehnte an der Absperrung.

Alle drei hörten prompt auf, sich über meine missliche Lage zu amüsieren, und warfen stattdessen Erdal einen feierlichen Blick zu, als wäre er der Weihnachtsmann, und das mitten im Frühling: Wie würde sein »Wegezoll« aussehen? Geld? Geschenke?

Erdal griff gekonnt an den Schulterriemen seines rosa Tornisters und hievte ihn von seinem Rücken vor sich auf den Lenker. Darauf öffnete er eine Seitentasche und zog eine verschweißte Verpackung hervor. Was sich darin befand, konnte ich nicht erkennen. Schließlich lag ich immer noch auf dem Boden. Doch den Stehenden ging es nicht anders. Schimanski näherte sich der unbekannten Materie und nahm sie verwundert ins Visier. Vorsichtig entwendete er sie Erdals Hand, betrachtete sie von allen Seiten und roch daran.

»Was«, stieß er hervor. »Was soll das sein?«

»Hat mir meine Oma geschickt«, sagte Erdal, amüsiert über

Schimanskis Reaktion. »DATTELN sind das. Direkt aus der Türkei! Hab viele davon. Wenn ihr wollt, nehmt sie!«

Er zog die Packung wieder an sich, trennte die Folie auf, um den Inhalt anzubieten. Doch Schimanski riss sie ihm erneut aus der Hand und ließ sie umgehend in einer Seitentasche seiner Jacke verschwinden.

Er baute sich vor Erdal auf, verzerrte das Gesicht zu einer Grimasse und hielt ihm seine Faust vor die Nase. »Wehe, die schmecken nicht!«, zischte er.

Einen Augenblick später aber ließ er die Faust wieder sinken und räumte sein Skateboard aus dem Weg: »Bitte sehr, die Herren!«

Kaum hatte ich begriffen, dass diese Geste bedeutete, dass er uns freilassen würde, dass wir es überstanden hatten, zumindest fürs Erste, sprang ich in Rekordgeschwindigkeit vom Boden hoch, griff meinen Ranzen und wuchtete mich auf mein Fahrrad.

So rasch ich konnte und ohne mich nochmal umzublicken, jagte ich hinter Erdal her, der schon lange vor mir mit seinem eigenen Rad das Weite gesucht hatte.

Schimanski schmeckten die Datteln nicht. Und die Rechnung dafür erhielten wir am nächsten Tag.

»Hey, ihr zwei Knoblauchfresser! Wohin des Wegs? Und dann auch noch so schnell?«

Es war wie ein Déjà-vu, wenn ich diese Formulierung damals schon gekannt hätte: Genau wie am Vortag stellten sich Erdal und mir zwei Skateboards in den Weg, als wir zur Mittagszeit die Bahnunterführung passieren wollten.

Nur mit dem Unterschied, dass Schimanski eine aufgerissene Packung in der Hand hielt und sie uns wie ein Verkehrsschild entgegenstreckte.

Ich stöhnte. Sollte das jetzt etwa täglich so gehen? Und hatten diese Burschen nichts Besseres zu tun, als zwei Grundschülern den Heimweg zu vermiesen? Scheinbar nicht.

»Weißt du, was das ist?«, giftete Schimanski ziemlich humorlos in Richtung Erdal, während er seine Beine um mein Vorderrad klemmte, jederzeit bereit, es erneut mit einem Ruck in die Höhe zu reißen.

Er hielt ihm die Dattel-Packung vors Gesicht. »Das ist ein Haufen Scheiße! Begreifst du das, du Möchtegern-Punker? Ich weiß ja nicht, wovon ihr Drecksgesichter euch da unten ernährt, aber das hier ist für deutschen Wegezoll nicht gut genug! Bei Weitem nicht genug!«

Um zu beweisen, wie ekelhaft diese Früchte auf ihn gewirkt haben mussten, schleuderte er sie wie eine Frisbeescheibe vor unseren Augen direkt in den Fluss, der neben uns rauschte.

Ich beobachtete die Plastikschale, die mit einem »Blubb« versank, dann jedoch im nächsten Moment wieder an die Oberfläche schwappte und Meter für Meter die leichte Strömung hinunterschwamm.

Nun wandte sich Schimanski meiner Wenigkeit zu, und im selben Augenblick, so, als hätte er damit einen Schalter betätigt, klebte Angstschweiß auf meinem Gesicht.

»Gib her«, flüsterte er.

Ich wusste nicht, was er meinte, konnte es mir aber intuitiv denken. Oder mein Selbsterhaltungstrieb konnte es.

Mit schlotternden Händen griff ich in meine Jackentasche und zog ein mit dünnem Papier verpacktes Pausenbrot heraus.

Dass es das Pausenbrot von vor drei Tagen war, das ich schlicht und einfach vergessen hatte, aufzuessen, weil mich in der Schule eigentlich selten der Hunger plagte, sagte ich Schimanski selbstverständlich nicht.

Ich sagte einfach gar nichts, hielt es ihm nur zitternd entgegen, in der Hoffnung, er würde den leichten Schimmelflaum nicht bemerken, der sich mittlerweile auf der Brotoberfläche gebildet haben musste.

Schließlich war es ja in meiner Jackentasche warm und feucht, ein idealer Bakteriensumpf, wie ich alle paar Tage aufs Neue entdeckte, wenn ich mal wieder ein pilzverseuchtes, ehemaliges Brot mit spitzen Fingern herausangelte, um es voller Ekel im Mülleimer verschwinden zu lassen.

Schimanski aber öffnete die Verpackung, schnupperte am Brot, biss ab, war von den Butterschmierkünsten meiner Mama offensichtlich höchst angetan und ließ zufrieden von mir ab.

Er kaute vergnüglich, während ich aus dem Staunen nicht mehr herauskam. Verschweißte Früchte mochte unser Peiniger also nicht, dafür verschimmelte Butterbrote!

Für die Zukunft war das gut zu wissen, dachte ich mir, und strengte mich an, meinen drohenden Lachanfall herunterzuschlucken.

Als ich mich wieder einigermaßen im Griff hatte, setzte ich vorsichtshalber schon einen Fuß auf die Pedale, bereit, jeden Augenblick losfahren zu können. Denn ich war mir sicher, dass unsere Tortur für den heutigen Tag überstanden war – schließlich wirkte Schimanski durch meinen antiken Pausenschmaus einigermaßen befriedigt.

Doch das war ein Irrtum. Denn nun wandte er sich von Neuem Erdal zu.

»Und du?«, meinte er. »Wie ist es mit dir, Affenarsch?«

Erdal zuckte mit den Achseln. Er stellte auf stur.

»Weiß nicht, wovon du sprichst!«

»Das weißt du ganz genau! Gib her!«

So unvermittelt, wie er gestern mein Vorderrad in die Höhe gewuchtet hatte, holte Schimanski aus und versetzte meinem Klassenkameraden einen Faustschlag gegen die Brust, sodass dieser nach hinten stolperte.

Im selben Moment riss er ihm den Tornister vom Rücken

und wirbelte Erdal damit herum. Der verlor das Gleichgewicht, konnte sich nicht länger halten und stürzte in die Sträucher.

»Wehe, wenn da nix drin ist!«, rief ihm Schimanski zu und winkte seinen Freunden.

Die beiden schlurften zum Ranzen, hockten sich zu ihrem Anführer, der ihn bereits geöffnet hatte, und durchwühlten den Inhalt so angeregt, als wäre da ein Osternest für sie versteckt.

Derweil rappelte sich Erdal wieder hoch und wischte sich den Dreck von der Hose.

Sein Gesicht war zu einer Grimasse verzerrt, und ich hatte Angst, dass er trotz der ungleichen Kraftverhältnisse gleich auf unsere Peiniger losstürmen würde. Doch meine Sorge war unbegründet: Er verharrte wie in Stein gemeißelt auf seinem Platz und rührte sich nicht.

Da war nur dieser hasserfüllte Blick, stur auf die Kerle gerichtet. Ich konnte diesen Blick sehr gut nachvollziehen, doch gleichzeitig überkam mich plötzlich ein eigenartiges, beinahe schon warmes Gefühl: Ich hatte Mitleid mit diesen Typen.

Es wirkte so jämmerlich, wie die drei da unten hockten und nach etwas suchten, wovon sie selber nicht wussten, was es war. Als würden sie Mülltonnen durchkämmen nach irgendetwas Verwertbarem, weil sie wochenlang nichts zu essen bekommen hatten.

Was genau wollten sie denn überhaupt von uns? Kriegten sie von ihren Eltern zu Hause nichts zu futtern, dass sie sich auf unsere verschimmelten oder exotischen Speisen stürzen mussten?

Und wieso gaben sie sich überhaupt mit uns ab, die wir in ihren Augen doch bloß »Riesenbabys« oder »Negerköppe« waren?

Ich schüttelte den Kopf über sie und war kurz davor, ihnen offen ins Gesicht zu lachen. Doch das wäre vermutlich keine so gute Idee gewesen.

Immerhin hatten die Kerle uns wohl oder übel in der Hand. Und das schlicht und einfach durch die unumstößliche Tatsache, dass sie ein paar Jährchen älter waren als wir.

Nach einer Weile bemerkte Schimanski, dass ich immer noch da war und aufmerksam dieses für mich so absurde Geschehen verfolgte.

»Du kannst weiterfahren, Türke!«, sagte er.

Ich blickte fragend zu Erdal, der mich aber nicht wahrzunehmen schien. Durfte ich ihn denn mit diesen unberechenbaren Idioten allein lassen? Dann begriff ich, dass Schimanski das nicht als netten Vorschlag gemeint hatte, sondern als Befehl.

»Fahr weiter!«, schrie er, und ich sprang nun vollends in die Pedale und gab auf der Stelle Fersengeld.

Kurz bevor ich die Unterführung verließ, drehte ich mich noch einmal um. Dabei verfolgte ich staunend, wie die drei unangenehmen Kerle nach und nach den gesamten Inhalt von Erdals Schulranzen im Fluss versenkten: Hefte, Bücher, Mappen, Stifte. Und auch eine »Popcorn« sah ich aus dem Augenwinkel im Wasser schwimmen.

Erdal dagegen stand unverändert da. Angewurzelt wie eine Statue. Nur sein Blick verriet, dass es in ihm kochte.

Zum ersten Mal entdeckte ich, dass sein Dauergrinsen vollständig aus seinem Gesicht verschwunden war.

# HÜPFENDE LINEALE

»Wo ist dein Deutschbuch?«, zischte Frau Koslowski in Richtung Erdal, nachdem sie registriert hatte, dass es sich nicht wie bei den anderen vor ihm auf dem Tisch befand.

Unauffällig schob ich ihm meines zu, doch Erdal wies es mit einer Handbewegung zurück. Leger fläzte er auf seinem Stuhl und warf seiner Klassenlehrerin ein – was sonst? – provozierendes Grinsen zu.

»Is nich mehr da«, ploppte es aus seinem Mund.

Ich spürte, wie sich Frau Koslowskis Laune, die vor Sekunden noch glänzend gewesen war – wir hatten zusammen Klara ein Geburtstagsständchen gesungen –, von einem Moment auf den anderen verfinsterte.

»Was heißt das: ›Is nich mehr da‹?«

»Is weg.«

Frau Koslowski benötigte zwei Schritte, um im nächsten Augenblick vor Erdals Platz zu stehen.

»Erdal, red bitte deutsch mit mir!«, fauchte sie. Und skandierte: »WO IST DEIN DEUTSCHBUCH?«

»Hab ich doch gesagt, is weg!«

»Und dein Heft?«

»Is auch weg!«

»Gib deinen Ranzen her!«

Menschenskind, dachte ich. Innerhalb von vierundzwanzig Stunden die zweite Person, die sich für Erdals Tornister interessiert. Nur mit dem Unterschied, dass die erste noch einen vollen vorgefunden hatte – Frau Koslowski hingegen einen komplett leeren. Sie hob ihn in die Höhe und schaute ungläubig hinein. Dann drehte sie ihn um. Und, oh Wunder: Es kam nichts raus.

»Da ist ja gar nichts drin!«, stellte sie verwundert fest. »Gar nichts, nicht ein bisschen! Wo sind deine Sachen hin?«

»Hab ich doch ...«

Jetzt begann sie, so heftig zu schreien, dass der Boden vibrierte.

»SAG MIR GEFÄLLIGST, WO DEINE SACHEN SIND!«

Die Klasse fuhr als Kollektiv zusammen, denn trotz ihrer cholerischen Anfälle hatten wir Frau Koslowski so noch nicht erlebt.

Nur Erdal blieb ruhig. Gespenstisch ruhig. Er grinste sie an. Auf bewährte Art.

Verdammt nochmal, dachte ich. Der zieht das durch! Der macht Ernst! Der sagt einfach nichts! Nicht ein Wort! Warum erzählt er nicht, wie es war?

Ich atmete tief durch: Gut, wenn er es nicht macht, dann muss ich es wohl tun. Ich hob meinen Arm in die Höhe, schnippte aufgeregt mit Daumen und Mittelfinger, wartete aber nicht, bis ich aufgefordert wurde, zu sprechen.

»Ich weiß, wo Erdals Sachen sind!«

Frau Koslowski nickte mir widerwillig zu, sichtlich verärgert über die Unterbrechung ihres Tribunals.

»Und? Wo sind sie, Mathias?«

»Die Jungs«, stotterte ich. »Die Jungs vom Schulzentrum haben sie in den Fluss geworfen!«

Sie verzog das Gesicht.

»Welche Jungs denn?«

»Na, die Jungs, die uns immer anhalten und Wegezoll fordern! Unten bei der Unterführung!«

Frau Koslowski stutzte. Sie wandte sich wieder Erdal zu.

»Stimmt das, Erdal?«

Der grinste sie weiter an.

»Ob das stimmt, will ich wissen?«

Er blickte ihr ins verkniffene Gesicht. Dann schüttelte er langsam den Kopf. Ich traute meinen Augen nicht und starrte ihn mit offenem Munde an. Doch heraus kam da nichts.

Frau Koslowski wirkte erleichtert. Sie lächelte mir gutmütig zu.

»Du hast eine blühende Fantasie, Mathias. Das wissen wir ja bereits. Aber du brauchst deinen Freund nicht in Schutz zu nehmen. Er hat Blödsinn gemacht und muss dafür bestraft werden. Erdal, komm mal mit nach vorn!«

Erdal erhob sich von seinem Stuhl, so folgsam, wie ich ihn selten erlebt hatte.

Seltsam, dachte ich mir. Das wirkt, als würde er sich auf eine Bestrafung freuen. Oder sie zumindest billigend in Kauf nehmen.

Was ist nur mit diesem Kerl los?, überlegte ich kopfschüttelnd, während Frau Koslowski zurück zum Pult stolzierte, die große Schublade öffnete und ein langes Holzlineal hervorzog.

Ein wahrlich endloses Teil, dachte ich staunend, bestimmt einen Meter lang. Bisher hatte ich diese Supersize-Version von einem Lineal noch nie gesehen, doch ich konnte mir sehr gut vorstellen, für was Frau Koslowski sie zu verwenden gedachte.

»Erdal, komm zu mir!«, ordnete sie feierlich an, zum wiederholten Male, obwohl Erdal ja keine Anstalten gemacht hatte, dies bleiben zu lassen.

Er schlurfte ein wenig gemächlich nach vorn, mit gesenktem Kopf, aber stetig geradeaus, wie eine Kuh zur Schlachtbank, wie eine Hexe zum Scheiterhaufen, doch aus irgendeinem bescheuerten Grund hatte ich den Eindruck, er würde diesen Gang zu seiner Hinrichtung regelrecht genießen und auskosten wollen.

Kaum stand er vorn, fühlte ich mich an seinen ersten Schultag in unserer Klasse erinnert: der große, dunkle Junge mit dem komischen Haarschnitt und dem Doppel-S auf dem Unterarm, verlegen neben der kleinen, zierlichen, strengen Dame mit dem bombastischen Holzlineal in der Hand, das beinahe länger wirkte als sie selbst.

»Streck deine Finger aus!«, befahl sie.

Erdal, der sie selbst mit gesenktem Kopf noch überragte, folgte auch dieser Anweisung, ohne Murren, ohne Widerstand.

Und dann präsentierte uns Frau Koslowski ihre Profilansicht, indem sie sich Erdal zuwandte, und begann nach kurzem Luftholen, mit dem langen Holzlineal auf seine Finger einzuprügeln. Konzentriert, mit zugekniffenem Kiefer, nach jedem Schlag mit den Füßen wippend, als stünde sie auf einem Trampolin. Ich zählte zwanzig Hüpfer.

Bei jedem Schlag, der mit einem dieser Hüpfer verbunden war, hatte ich das Gefühl, er würde mich selber treffen – und spürte bereits, wie meine eigenen Finger innerlich zu brennen begannen.

Und genau dieser immer heftiger werdende, lodernde Schmerz fühlte sich richtig an: Weil ich das, was Erdal da gerade erlitt, nämlich selbst verdient hatte – jedenfalls mehr als er. Da ich es hätte verhindern können, wenn ich nur energischer auf der Wahrheit beharrt hätte.

Und weil ich Erdal, diesen Idioten, nicht verstand. Er war so blöd, er war so doof. Warum machte er das? Warum sagte er nicht, wie es wirklich war? Warum grinste er nur so dumm?

Und dann, ziemlich genau im Augenblick, in dem ich das alles dachte, schaute er zu mir. Als wären meine Fragen bei ihm angekommen und er würde sie mir beantworten wollen.

Doch er sagte nichts. Immer noch nichts. Grinste nur, wenn auch nicht mehr so entspannt.

Im Gegenteil: Nach jedem von Frau Koslowskis Hüpfern und Schlägen wirkte sein Grinsen bemühter, angestrengter. Er musste sich zu seinem Grinsen zwingen. Es vollkommen sein zu lassen wäre einer Niederlage gleichgekommen.

Und da begriff ich: Er hasste sie. Er hasste Frau Koslowski. Und er hasste die Jungs von der Bahnunterführung, die ihm diese Suppe eingebrockt hatten.

Doch mehr als alles hasste er es, ein Verlierer zu sein. Und sei es nur einer, dem man seinen dummen Schulranzen entleert hatte, der ja eigentlich überhaupt keine Rolle mehr spielte. Weder für ihn – noch für Frau Koslowski.

# HIMMELFAHRTSKOMMANDO

»Warum hast du nicht die Wahrheit gesagt?«, wollte ich aber doch noch einmal wissen, als Erdal und ich nach Schulschluss am Fahrradstand unsere Jacken auf den Gepäckträger klemmten.

Doch erwartete ich tatsächlich eine ernst zu nehmende Antwort?

Es war der erste warme Tag des Jahres, welcher diese Bezeichnung verdiente. Die Sonne brannte auf den Stellplatz herunter, verkohlte unsere Köpfe, jedenfalls meinen. Erdals schwarzer Irokese funkelte wohl eher vor zu viel Haarlack, dessen süßlicher Gestank wie immer zu mir herüberwehte.

Er schien zu wissen, dass ich das dachte, und fuhr mit seiner malträtierten Hand, die von Frau Koslowskis Linealschlägen krebsrot angeschwollen war, durch die schimmernden Locken.

»Is doch egal«, meinte er. »Denkst du, die Alte macht mir Angst?«

Und es dauerte keine zwei Sekunden, da preschte er mit seinem Fahrrad um die Kurve des Schultors, hinaus auf die Straße.

Warum jetzt so schnell?, überlegte ich. Warum wartete er nicht auf mich, wie er das doch immer tat? Wollte er weg von mir? War er sauer auf mich, weil ich heute nicht genug für ihn getan hatte? Selbst, wenn es so war: Sitzen lassen konnte ich das nicht auf mir! Ich schnallte meinen Ranzen auf den Rücken, schwang mich ebenfalls auf mein Rad und trat in die Pedale, so schnell ich konnte.

Ich hatte Mühe, ihm zu folgen, doch irgendwie überkam mich das Gefühl, ich müsste das heute dringender denn je.

Ich dachte ungläubig: Der Bursche nimmt doch tatsächlich denselben Weg wie immer! Der will durch die Unterführung, der will zu den Jungs! Ein Himmelfahrtskommando!

Sein Tornister war leer, und auch ich hatte heute kein Pausenbrot bei mir. Weder ein frisches geschweige denn ein verschimmeltes!

»Erdal!«, rief ich verzweifelt in seinen Rücken. »Lass uns woanders langfahren!«

Es gab nämlich eine weitere Route Richtung Hauptstraße, die war zwar ein ziemlicher Umweg, dauerte gut eine Viertelstunde länger, aber in Anbetracht der Umstände wäre es wohl vernünftiger gewesen, heute diese zu nehmen. Um einiges vernünftiger!

Erdal schrie etwas, ohne sich dabei umzudrehen, ich konnte ihn gegen den Wind kaum verstehen. Die Worte »Schisser! Hab dich nicht so!« hörte ich dann aber doch heraus.

Jeden weiteren Meter, den wir den Kiesweg am Flüsschen entlangholperten, wurde mir mulmiger zumute.

Und dann tat ich etwas, was ich im Alltag ansonsten niemals tat: Ich betete. Im Stillen vor mich hin brabbelnd, ohne dass Erdal es mitbekam.

Der hatte ohnehin keine Augen oder Ohren für mich, trat geschätzte zwanzig Meter entfernt von mir in die Pedale, als würde es ihm darum gehen, mich abzuschütteln.

Ich keuchte hinter ihm her, und zwischen meinen Keuchern stieß ich hervor: »Liebergott«, »machdassnixschlimmespassiert«, »ichbinauchganzbrav«, »lassdiegroßenjungseinfachverschwinden«.

Doch das Einzige, was meine naiven Wortfetzen zu bewirken schienen, war, dass sich der Abstand zu Erdal noch mehr vergrößerte.

Vielleicht betete ich auch einfach nur zu spät, dass der liebe Gott keine Zeit hatte, sich um meine verzweifelten Wünsche so kurzfristig zu kümmern.

So jedenfalls erklärte ich es mir, dass die drei Jungs vom Schulzentrum wie selbstverständlich in der Unterführung lungerten – warum sollten sie auch nicht? –, Tricks mit ihren Skateboards vollführten und wie in den Tagen zuvor nur auf uns zu warten schienen.

»Deutschland! Hier ist Deutschland!«, begrüßte uns Schimanski schon von Weitem und hielt uns seine ausgestreckte Hand entgegen wie ein erfahrener Fluglotse.

»Runter von den Fahrgestellen mit den Türken! Wegezoll ist angesagt!«

Erdal bremste abrupt. Einen Augenblick lang hatte ich noch die müde Hoffnung gehabt, er würde an den dreien einfach vorbeipreschen wollen.

Wenn er das getan hätte, wäre ich ihm gefolgt, ohne Weiteres, egal, ob ich damit riskiert hätte, dass einer von uns geschnappt und in den Fluss geworfen worden wäre oder Ähnliches.

Aber Erdal stoppte. Und ich mit ihm.

Doch als meine Augen im nächsten Moment sein Gesicht streiften, bemerkte ich, dass irgendetwas an meinem Freund anders war als sonst.

Es lag an seinem Blick, der besaß etwas Strenges, Entschlossenes. Beunruhigendes. Sein Dauergrinsen war komplett entwichen.

»Also, was ist jetzt?«, rief Schimanski, der heute mal zur Abwechslung keine Jacke trug.

Es war wohl einfach zu warm dafür, selbst für ihn, von dem ich mir vorstellen konnte, dass er dieses Ding ansonsten nicht einmal beim Schlafen ablegte.

Ein marineblaues Shirt bedeckte seinen Oberkörper, und darin sah er weit weniger martialisch aus als in den Tagen zuvor. Geradezu schmächtig wirkte er.

Nichtsdestotrotz schwoll mein Kopf vis-à-vis dieses Typen vor Angst und Panik an wie ein Hefekuchen.

»We-ge-zoll!«, skandierte Schimanski jetzt dringlicher, vermutlich, um seine mickrige Erscheinung, die er heute Mittag ausstrahlte, mit doppelter Bestimmtheit wettzumachen.

Er trat an mich heran und hielt seine Hand auf. Ich wagte nicht, ihn dabei anzusehen.

»Hab nix«, flüsterte ich.

»Häh?«

Ich schüttelte langsam den Kopf, blickte auf den Boden. Er packte mich an den Haaren und hob meinen Kopf wieder in die Ursprungsposition, aus der ich gar nicht anders konnte, als ihm in die Augen zu sehen.

»Was soll das heißen?«, funkelte er mich an.

Ich sagte nichts. Was hätte ich auch sagen sollen?

Er verzog das Gesicht zur selben Grimasse, die ich schon gestern an ihm gesehen hatte. Und die nichts Gutes verhieß – was ich im nächsten Moment zu spüren bekam.

Denn er stieß zu. Mit der Faust und mit voller Wucht. Mitten in die Magengrube. Der Schlag kam so unvermittelt, dass mir das Pausenbrot, das ich ausnahmsweise (ausgerechnet heute!) gegessen hatte, fast wieder hochkam und gerade noch rechtzeitig in der Rachengegend anhielt.

Vor meinem Blick tanzten schwarze Schlieren und Punkte, in unterschiedlichen Größen, die Sonne verfinsterte sich, und mein Magen explodierte. Ich hatte noch nie solche Schmerzen gespürt.

Ich krümmte mich, verlor das Gleichgewicht, taumelte, mein Rad war längst hingefallen. Aus dem Augenwinkel konnte ich noch sehen, wie Erdal in seine Hosentasche griff.

Ein Klacken, ein Glitzern, er sprang auf Schimanski zu. Ratsch! Und einen Augenblick später krümmte sich nun auch Schimanski, wankte ziellos umher, seine Kumpels hinter ihm, mit ausgebreiteten Armen, unbeweglich vor Schreck, wie in den Boden gepflanzt. Aus Schimanskis Arm drang Blut. Er hielt ihn von sich gestreckt, starrte ihn ungläubig an. Und atmete schwer.

»Schnell!«, vernahm ich Erdals Stimme, dumpf, wie hinter einem dicken Vorhang. »Abhauen!«

Mein Puls wummerte, dröhnte bis in mein Hirn hinein. Die Schmerzen im Magen hatten sich inzwischen in Luft aufgelöst, oder ich nahm sie einfach nicht mehr wahr.

Ich weiß nicht, wie ich auf mein Rad kam. Nicht, wie aus der Unterführung.

Ich weiß nur, irgendwann lag ich allein, zitternd und verdreckt im bemoosten Straßengraben unweit unseres Hauses, verschwitzt, aufgelöst, das Gefühl für Zeit und Raum verloren.

Mir war unklar: War es Tag, war es Nacht? Schien die Sonne oder schon der Mond? Ich sah nichts, jedenfalls nichts deutlich, alles, was ich wahrnahm, wirkte wie umhüllt von einem dichten Wattebausch.

Lautstark durchfuhren mich nur meine Pulsschläge, sie donnerten durch meinen Körper mit der Intensität eines Presslufthammers. Und es knatterte in meinem Kopf, als hätte dort jemand eine Maschine angeworfen und auf volles Volumen gestellt.

Ich weiß nicht, wie lange ich im nassen Moos lag, zwischen Gräsern, Kräutern und Erde. Auch nicht, wie und warum ich dorthin gekommen war.

In diesem Graben, im Dreck, schlotternd vor Panik und irgendwann auch vor Kälte, fand mich mein Bruder Axel, der zufällig mit seinem Mofa vorbeikam. Es dauerte, bis ich ihn überhaupt erkannte.

Er hob mein Fahrrad auf und stützte mich bis nach Hause. Fragte Sachen, redete auf mich ein, doch ich war nicht fähig, zu sprechen. Lange nicht.

Mit niemandem, auch nicht mit meinen Eltern, die sich vor der Haustür sofort auf mich stürzten, mich aufs Sofa im Esszimmer legten und um mich herumwirbelten, als wäre ich ein Schwerverletzter.

Ich hörte sie kaum. Sie klangen wie aus dem Lautsprecher eines zu leise gestellten Radios, ich hatte keine Ahnung, was sie da brabbelten.

Und als ich dann doch wieder langsam die reale Welt um mich herum wahrzunehmen begann, nach gefühlten Stunden, brachte ich nur hervor, ich wäre gestürzt. Wie und warum, aber verschwieg ich. Wenig später fiel ich in einen langen, tiefen, traumlosen Schlaf.

# Gene und Glockenspiel

Der Tag, an dem das alles geschah, war der letzte, an dem ich Erdal gesehen habe. Zumindest für sehr lange Zeit.

In die Schule kam er am darauffolgenden Tag nicht, worüber ich dankbar war, denn ich hätte nicht gewusst, wie ich mit ihm hätte umgehen sollen.

Am übernächsten kam er aber auch nicht, und als ich nach einer Woche ernsthaft begann, mir Sorgen zu machen, erhielt ich von Frau Koslowski Gewissheit. Und zwar nicht nur ich, sondern die ganze Klasse.

Doch ich war es, den sie dabei finster anschaute, gerade so, als würde sie haargenau spüren, dass ich eine Mitschuld an der Geschichte trug.

»Euer Klassenkamerad Erdal wird nicht mehr in unsere Schule kommen. Es gab eine polizeiliche Anzeige gegen ihn. Er hat einen anderen Jungen mit einem Messer verletzt. Der Junge liegt jetzt im Krankenhaus. Zeugen berichten, Erdal hätte ihn wahllos angegriffen, als der Junge friedlich mit seinen Freunden an der Bahnunterführung spielte.«

Sie holte tief Luft, bevor sie weitersprach, so, als würden ihr die Worte, die sie nun an uns richtete, ganz besonders schwerfallen.

»Ich musste Erdal vom Unterricht freistellen. Er wird die Schule wechseln, wie er es ja schon einmal getan hat.«

Wir schwiegen. Alle. Keiner wusste etwas zu sagen. Und auch ich war dermaßen perplex, dass es mir nicht gelang, eine Lanze für meinen Freund zu brechen. Oder zumindest zu versuchen, die ganze Sache ins richtige Licht zu rücken.

Vielleicht war es aber nur Frau Koslowskis finsterer Blick, der mich daran hinderte, meinen Mund aufzumachen. Und natürlich die Tatsache, dass ich zu Hause für mein fortwährendes Zuspätkommen mit zwei Monaten Fernsehverbot belegt worden war.

Im Grunde aber wollte ich die ganze Geschichte einfach hinter mir lassen. Sie hatte mir schon genug Ärger eingebracht. Doch das wäre mit Erdal nicht möglich gewesen.

Insofern fühlte ich mich sogar erleichtert, als Frau Koslowski diese Nachricht ins Klassenzimmer brachte. Erdal war weg. Ich brauchte mich nicht mehr um ihn zu kümmern, das taten jetzt andere Mitschüler. Andere Freunde. Oder die Polizei.

Ich hatte nicht die Spur von Interesse daran, noch irgendeinen weiteren Pieps zu diesem unleidlichen Thema abzugeben. Doch dann, nach sekundenlangem Kollektivschweigen der ganzen Klasse, meldete sich Lena und fragte das, was alle beschäftigte: »Warum hat Erdal den Jungen denn mit dem Messer gestochen?« Hmm. Eine Frage, auf die wohl niemand eine bessere Antwort hätte geben können als ich.

Doch was tat ich? Kampflos überließ ich Frau Koslowski das Feld. Die räusperte sich erst einmal, nahm die Brille ab, zog die Stirn hoch und blickte Lena ratlos ins Gesicht.

»Ich weiß es nicht, mein Mädchen. Vermutlich liegt es an Erdals Erziehung. Er kommt aus einer schwierigen Familie, und die kommt aus einem Land, wo die Menschen sich oft noch mit Waffen bekämpfen. Vermutlich hat ihm das sein Vater so beigebracht.«

Anschließend hob sie den Zeigefinger, streckte ihren Rücken und posaunte in die Klasse: »Niemals dürft ihr mit Waffen einen anderen angehen! Und schlagen auch nicht! Das machen nur ganz dumme Menschen, die sich nicht anders auszudrücken wissen. Oder die ganz ungebildet sind. Oder die das in ihren Genen haben.«

Dabei warf sie mir erneut einen tiefen, durchdringenden Blick zu. Ich stutzte, hatte keine Ahnung, was sie mir damit sagen wollte. Oder wollte es nicht wissen.

Doch als ich das erste Mal in dieser Stunde den Arm in die Höhe hob, nicht, weil ich vorhatte, irgendein Wort zum Thema »Erdal« zu verlieren, sondern bloß, um die unschuldige Frage zu stellen, was denn bitte schön genau »Gene« seien, klatschte sie tatkräftig in die Hände und rief: »So, Schluss damit, jetzt kommt wieder was Schönes: Am Sonntag ist Kindergottesdienst! Wer möchte welches Instrument spielen: Glockenspiel, Triangel oder Blockflöte? Und wer von euch möchte singen?«

# GROSSE KLÖTEN

Der unfreiwillige Schulwechsel erwies sich für Erdal allerdings von Vorteil. Als ich ihm Jahre später – er mochte mittlerweile um die achtzehn gewesen sein – wieder mal zufällig auf der Straße begegnete, hatte er seine Haare vollständig zur Glatze geschnitten, trug Sonnenbrille und einen leuchtend gelben Anzug.

Das Einzige, woran ich meinen alten Schulfreund erkennen konnte, war sein unvermeidliches Dauergrinsen, über das ich mich am meisten freute, als ich ihn nach so langer Zeit endlich einmal wiedersah.

Die »Kiss«-Aufschrift habe er inzwischen von den Armen gelöst, sagte er lachend. Die sei ohnehin nur ein Fake-Tattoo gewesen: »›Kiss‹ is' doch voll Siebziger, ey.«

Die Typen wären ihm irgendwann zu langweilig geworden – eine Platte klinge da wie die andere.

Ich nickte eifrig. Das hätte ich ihm schließlich ja auch damals schon sagen können.

Er berichtete, dass er in der Zeit nach der katholischen Grundschule Fahrschüler geworden und täglich zur Grundschule nach Großenkneten (»Große Klöten«, wie er es nannte) gependelt sei.

Dort habe er sehr bald das Wohnhaus der Band »Trio« entdeckt, die mit »Dadada – Ich lieb dich nicht, du liebst mich nicht« gerade einen Welthit gelandet hatten.

Sehr bald sei er in der Art Kommune ein- und ausgegangen, sein Charme und seine Selbstsicherheit hätten alle verzaubert.

Mit fünfzehn habe er die Schule geschmissen und sei mit »Trio« und später mit Stephan Remmler, dem Frontmann der

Band, der eine Solokarriere gestartet habe, auf Tour gegangen, als »Mädchen für alles«. Er habe sich hochgearbeitet und sei inzwischen sogar mitbeteiligt am Management des erfolgreichen Popstars Remmler (»Alles hat ein Ende, nur die Wurst hat zwei«).

Er sei gerade nur zu Besuch bei seinem Vater, der zum Glück wieder eine neue Frau kennengelernt habe, die ihn versorge, sodass er nicht mehr so viel arbeiten müsse.

Kürzlich erst habe Erdal auch Frau Koslowski einen Brief geschrieben. Um sich zu bedanken – weil sie ihn von der Schule geworfen hatte.

Denn bei uns hätte er niemals die Chance bekommen, den Weg zu gehen, den er nun ging. Und sein Grinsen wurde mit jedem Wort breiter und breiter.

Was genau nun stimmte an dem, was er mir damals erzählte, kann ich allerdings nicht beurteilen. Ich weiß nur, dass ich ihm anschließend nicht wieder begegnet bin. Und auch später im Internet nichts weiter über ihn oder einen »Musikmanager Erdal Özgür« herausfinden konnte.

# MULATTENHUDER

Frau Koslowski ließ sich von meinen Noten nicht überzeugen.

Sie war mit meiner Mutter befreundet, die beiden stammten aus demselben schlesischen Dorf, meine Mama war dort allerdings Bauerntochter und Frau Koslowski die Tochter des dortigen Lehrers gewesen.

Obwohl sie sich spätestens seit ihrer gemeinsamen Vertreibung immer gut verstanden hatten, weckte ihr angeregtes Gespräch über mich, das eines Nachmittags – ich war zwölf – in unserem Hause stattfand und das ich von meinem Zimmer aus atemlos mitverfolgte, längst überwunden geglaubte Standesdünkel.

»Warum muss denn der Junge unbedingt aufs Gymnasium?«, fragte Frau Koslowski. »Er wird sich dort schwertun! Für eure beiden anderen war die Haupt- und Realschule doch auch gut genug.«

Meine Mama erwiderte: »Der Junge möchte doch unbedingt Pfarrer werden!«

Frau Koslowski lachte: »Und du meinst tatsächlich, ausgerechnet DEIN Sohn wird Pfarrer!? Na, dann wünsche ich euch viel Erfolg dabei!«

Man muss es Frau Koslowski nachsehen: Sie war das Kind einer Zeit, in der die Dinge geregelt waren. Einer Zeit, in der Arbeiterkinder wie ich ungefragt Arbeiter wurden und nur Akademikerkinder Akademiker. Und Pfarrer – das war für Frau Koslowski ohnehin das Maß aller Dinge!

Bislang hatte meine Mama dieses ungeschriebene Gesetz

auch eingehalten. Nur bei mir gedachte sie, eine Ausnahme zu machen.

Zum Glück hatte Frau Koslowski keinen Einfluss auf meine Gymnasialempfehlung – ich war der Grundschule längst entwachsen und hatte mich auf der sogenannten Orientierungsstufe in der fünften und sechsten Klasse für die höherbildende Schule qualifiziert.

Außerdem war es keine blöde Ausflucht meiner Mama gewesen: Ich wollte tatsächlich Priester werden.

Mich faszinierte der Gottesdienst, diese pompöse Zeremonie, in der ich auch mit fortschreitender Kindheit immer noch leidenschaftlich den Messdiener gab. Mich faszinierte die glitzernde Andacht, mit der das alles vonstattenging, die Gerüche, die Gewänder, die Gemälde, die fabelhaften Geschichten, die dort mit feierlichem Ernst erzählt und für unumstößlich wahr verkauft wurden. Und das Schönste war: Meine Eltern nahmen meinen mit kindlichem Ehrgeiz verfolgten Berufswunsch ebenfalls ernst!

Und so kam es, dass sie mir trotz Frau Koslowskis geschätzter Meinung nicht nur einen Platz an irgendeinem schnöden Gymnasium ergatterten, sondern – wenn schon, denn schon – gleich an einem Privatgymnasium mit katholischer Trägerschaft, in dem noch Nonnen wohnten und teilweise auch unterrichteten. Der Nachteil des Ganzen: Ich musste pendeln. Das hätte ich aber bei jedem anderen Gymnasium ebenfalls gemusst, denn mein Örtchen Hude besaß leider kein eigenes.

Jeden Morgen radelte ich von nun an also zum Bahnhof, um von dort die zwölfminütige Strecke nach Oldenburg hinter mich zu bringen, zusammen mit etwa hundert anderen kindlichen und jugendlichen Pendlern, die das mit unterschiedlichen Zielen, was ihre Schulen betraf, genauso machen mussten. Vom Hauptbahnhof in Oldenburg wanderte ich dann etwa noch eine Viertelstunde.

Ich war der einzige Huder, der täglich den Weg zu dieser Privatschule antrat. Und nicht nur das war der Grund, warum ich mich vom ersten Tag an fremd in der neuen Klasse, der neuen Umgebung fühlte. Und dieses Gefühl auch für lange Zeit nicht loswurde.

Vielleicht hatte Frau Koslowski ja recht gehabt: Ein Hilfsarbeiterkind wie ich gehörte nicht aufs Gymnasium – jedenfalls nicht auf dieses private, elitäre.

Ich gewann den Eindruck, dass es hier nämlich doch eine Rolle spielte, welcher »Schicht« man entstammte, wer oder was deine Eltern waren, was sie sich leisten konnten – und was eben nicht. Ich sah es meinen neuen Mitschülern an: Sie waren nicht wie ich. Ich sah es an der Art, wie sie sich gaben, wie sie sich benahmen. Mit welcher Selbstverständlichkeit sie sich einander vorstellten, Witze rissen und über die Tische turnten. Jede ihrer Bewegungen schien zu sagen: »Mir gehört die Welt!«

Ich kannte das alles nicht. Ich war Hilfsarbeiterkind. Ich war nicht aus der Stadt. Ich war aus Hude. Und statt, dass ich mir vornahm, es zu lernen, schüchterte mich ihr Verhalten ein.

Doch es gab vielleicht noch einen dritten Grund, warum ich mich hier von Anfang an unwohl fühlte. Warum ich hier nicht hingehörte. Oder zumindest den Eindruck gewann, es nicht zu tun.

Hagen, ein rotblonder Schlaks mit Stoppelhaar und weißem »Marc O'Polo«-Sweatshirt, war der Erste, der mir das schon am zweiten Tag zu spüren gab. Auf altbewährte Art.

Er trat auf mich zu, zusammen mit Sven, einem gedrungenen Brünetten mit Hakennase, der sich verschmitzt lächelnd im Hintergrund hielt, musterte mich von oben bis unten und meinte: »Sag mal, bist du 'n Mulatte?«

Ich verstand nicht recht. Und das strahlte ich wohl aus. Weder wusste ich, wer oder was ein Mulatte sein sollte, geschweige denn, ob ich einer war. Verlegen trat ich von einem Fuß auf den anderen.

»Nö«, sagte ich. »Ich bin ’n Huder.«

Zonk – das war’s. Das reichte, um unten durch zu sein.

Hagen drehte sich zu Sven um, der, sobald ich das gesagt hatte, losprustete und sich vor Lachen den Bauch hielt, zeigte von hinten mit dem Daumen auf mich und schlug dabei ungläubig auf seine Stirn.

»Oh Gott, und mit so einem Primaten müssen wir uns jetzt tagtäglich abgeben!«, sagte er zu seinem Kumpel, als wäre ich gar nicht da, und ließ mich links liegen.

Sven folgte ihm und wischte sich Lachtränen aus den Augen, ebenfalls, ohne mich noch eines Blickes zu würdigen.

Und ich beobachtete, wie sich die beiden noch weit in den Unterricht hinein über meine dumme Bemerkung amüsierten.

»Huder Mulatte« drang da manchmal zu meinem Platz herüber. Oder »Mulattenhuder«. Nun erntete ich auch von den anderen Tischen belustigte Blicke. Und schaute mit staunenden Augen zurück.

Die Frage nach dem »Mulatten« war ja auch durchaus nachvollziehbar, wenn ich mich in der Klasse so umschaute: Ich war hier mal wieder der Einzige, der irgendwie exotisch aussah. Wie ein Panda, der sich im Zoo im Gehege der Seelöwen verirrt hatte. Das schien vermutlich mein Schicksal zu sein.

Doch damit abfinden wollte ich mich nicht. Zumindest damit nicht, was ein paar meiner neuen Klassenkameraden daraus zu stricken schienen. Mit einer Mischung aus Wut und dem festen Willen, den Fauxpas mit dem »Mulatten« wieder geradezurücken (immer noch nicht so genau wissend, was dieses Wort eigentlich bedeutete), blickte ich in den nächsten Tagen während des Unterrichts regelmäßig zu Hagen und Sven hinüber, die ein paar Tische seitlich vor mir saßen.

Wenn ich merkte, dass sie das spitzbekamen, miteinander

tuschelten und mir eigenartige Grimassen schnitten, drehte ich ganz schnell meinen Kopf zur Seite, stierte angestrengt an die Tafel und tat so, als ob ich intensiv am Unterricht teilnähme. Doch ich rechnete natürlich nicht damit, dass mir das die beiden auch nur ansatzweise abnahmen.

Dann machte ich einen Fehler. Auf dem Heimweg entdeckte ich, dass Hagen ebenfalls ein Fahrschüler war. Verstohlen wanderte ich von der Schule aus hinter ihm her, penibel darauf achtend, dass er mich nicht wahrnahm, indem ich mich des Öfteren hinter Bäumen und Häuserecken versteckte, und beobachtete, am Bahnhof angekommen, wie er in den Zug Richtung Rastede stieg.

Etwa eine Woche nach der »Mulatten-Sache« nahm ich mir ein Herz. Ich hielt diese blödsinnige Spannung, die sich immer mehr zwischen mir und diesem Typen aufbaute, nicht mehr aus.

Immerhin waren wir doch Klassenkameraden! Und ich hatte das Gefühl, ich müsste endlich mal klarstellen, was für ein feiner Kerl ich war. Und was für ein Wahnsinnsfreund ich doch eigentlich sein konnte!

Als ich Hagen, der es auf seinem Nachhauseweg immer eilig zu haben schien (aus unerfindlichen Gründen: Sein Zug fuhr später ab als meiner), nach der Schule mal wieder einen Steinwurf entfernt vor mir erblickte, rief ich ihm hinterher: »Hey, warte auf mich!«

Es ist seltsam, dass wir, ob jung oder alt, oft jenen Leuten intuitiv am meisten gefallen wollen, die uns offensichtlich ablehnen.

Und statt sie, auch wenn wir ihnen täglich begegnen müssen, einfach zu ignorieren, buhlen wir, bewusst oder unbewusst, um ihre Aufmerksamkeit und tun vieles, sehr vieles dafür, dass sie ihr negatives Bild von uns korrigieren. Doch das Eigenartige ist: Je mehr wir uns bemühen, desto stärker lehnen sie uns ab.

Hagen stoppte, drehte sich zu mir um und legte seine Stirn in Falten. Das hätte mir Zeichen genug sein müssen, lieber dort zu bleiben, wo ich war. Ihn einfach weitergehen zu lassen.

Doch ich rannte hinter ihm her. Keuchend kam ich bei ihm an. Ich lächelte. Er tat es nicht.

»Verfolgst du mich jetzt, Mulatte?«, rief er und riss erschrocken die Augen auf, als wäre ich ein Monster aus einem schlechten Splatter-Movie.

Ich ignorierte die Frage.

»Fährst du mit dem Zug?«, fragte ich, um irgendwas zu fragen, als ob ich das nicht schon wüsste. Und fügte hinzu: »Ich nämlich auch!« Vielleicht freute ihn das ja?

Hagens Jubelsprünge blieben allerdings aus. Stattdessen schlug er sich wieder die Hand auf die Stirn, wohl seine Lieblingsgeste – zumindest in Bezug auf mich.

»Scheiße!«, stöhnte er. »Dann muss ich dein Affengeschrei ja jetzt auch noch auf dem Heimweg ertragen!«

Ich lachte. Ein hilfloser Versuch, seinen Scherz auf die leichte Schulter zu nehmen. Schließlich hatte er einen guten Witz gemacht, nicht wahr? Einen Witz unter Kumpels! Doch Hagen lachte nicht. Er blickte finster.

»Das ist nicht witzig, Kopetzki!« Und dann holte er aus: »Ich weiß, du kriegst es nicht mit, aber du stinkst so dermaßen nach Orang-Utan, dass ich nach der Schule erst mal eine Ladung Frischluft brauche. Und dann suchst du mich auch noch auf dem Rückweg heim! Glaubst du, ich hab nicht gemerkt, dass du schon die letzten Tage hinter mir hergeschlichen bist? Dein Gestank hat dich verraten! So, ich geh jetzt, und du gehst zehn Meter hinter mir – mindestens. Damit du mich nicht vollpestest!«

Und damit wanderte er los. Und drehte sich nicht mehr um. Etwa, um mich anzulächeln und zu rufen, dass das doch nur ein dummer Scherz von ihm gewesen sei. Dass er es im Grunde doch schön fände, wenn wir den Schulweg gemeinsam gingen. Schließlich waren wir doch Klassenkameraden. Und warum sollte da jeder allein gehen?

Doch nichts dergleichen. Stur wanderte er weiter, mit dem Rücken zu mir.

Und ich? Ich war so dermaßen perplex, dass ich den von ihm geforderten Abstand tatsächlich einhielt. So ziemlich auf den Meter genau.

Wenn er mal kurz stehen blieb, um sich den Ranzen zu richten oder vor einer Ampel zu warten, tat ich das ebenfalls. Bloß halt zehn Meter hinter ihm. Meine Augen wütend auf seinen Ranzen geheftet, der locker an seinem Rücken baumelte.

Verdammt, er schien es ernst zu meinen! Aber warum? Was hatte ich ihm getan? Warum ließ er mir keine Chance?

War ich mir sicher, dass er es nicht mitbekam, schnupperte ich verstohlen an meinen Händen. Stank ich denn wirklich so sehr nach Orang-Utan, wie er das sagte? Stimmte vielleicht tatsächlich etwas nicht mit mir? Hmm.

Am Bahnhof trennten sich endgültig unsere Wege. Zumindest für den heutigen Tag. Ohne, dass er sich verabschiedete. So, als sei ich Luft für ihn. Und dazu auch noch verpestete.

# WASSEREIS UND RANZEN

Am nächsten Tag versuchte ich es auf andere Weise.

Ich probierte zur Abwechslung einfach mal, witzig zu sein, als ich nach der Schule hinter Hagen herrannte: »Was macht ein Elefant, der sich auf einen Baum verirrt hat?«, rief ich.

Hagen reagierte nicht.

»Er wartet, bis es Herbst wird, setzt sich auf ein Blatt und segelt hinunter.«

Abrupt blieb er stehen. Er drehte den Kopf zu mir. Ungläubig, als wäre ich ein Alien, blickte er mich an.

»Klo-pet-zki«, skandierte er langsam, und ich merkte, wie er sich bemühte, dabei ruhig zu bleiben.

»Du stinkst nicht nur nach Affenarsch, du bist auch noch dermaßen unwitzig, dass meine tote Uroma bessere Witze reißt. Und jetzt geh mir bitte aus der Sonne und lass mich gefälligst in Ruhe – du verpestest mittlerweile die ganze Straße!«

Damit ging er weiter.

Ich blieb stehen. Das wollte, das konnte ich nicht auf mir sitzen lassen. Ich und unwitzig? Meine Brüder, meine Eltern, meine Freunde in Hude, alle lachten über meine Witze – zumindest taten sie so. Wieso dann nicht Hagen? Vermutlich hatte ich einfach nur den falschen erzählt.

»Okay«, versuchte ich es auf ein Neues, rannte hinter ihm her und hielt, so gut ich konnte, mit ihm Schritt. »Es geht weiter, hör zu: Wie kriegt man einen Elefanten in den Kühlschrank?«

Hagen verdrehte die Augen.

»Kühlschrank auf«, murmelte er, »Elefant rein, Kühlschrank zu.«

Scheiße, dachte ich. Er kennt den Witz. Doch ich hatte noch einen Trumpf im Ärmel.

»Jaha«, erwiderte ich eifrig. »Genau! Aaaber: Wie kriegt man einen Pinguin in den Kühlschrank?«

Hagen stöhnte.

Ich jubilierte. Er wusste es nicht! Ich musste ihn aufklären: »Kühlschrank auf, Elefant raus, Pinguin rein, Kühlschrank zu!«

Ich giggelte, blickte Hagen erwartungsvoll an, ob der Witz bei ihm gelandet war. Aber: Fehlanzeige. Sein Blick wurde immer finsterer, als er neben mir zum Stehen kam und sich zu mir wandte.

»Weißt du was, Kopetzki?«, sagte er leise. »Trag doch einfach meine Tasche.«

Ich verstand nicht.

»Was?«

»Meine Tasche!«, wiederholte er, als wäre es das Selbstverständlichste der Welt. »Bist du zu blöd, das zu begreifen? Du sollst meine Tasche tragen!«

»Aber warum?«

»Warum, warum!«, äffte er mich nach. »Als Strafe für deine bescheuerten Witze!«

Ich blickte zu Boden. Das hatte ich nicht verdient.

»Pass auf«, versuchte er es sanftmütiger. »Ich bin echt kaputt, und du ...« Er musterte mich. »Du siehst noch so fit aus. Wie wär's, wenn ich dir am Bahnhof ein Wassereis spendiere, einfach ...« Er rang um die richtigen Worte. »Einfach, weil du so ein netter Kerl bist.«

Ich blickte auf, meine Laune erhellte sich. Was hatte Hagen gesagt? Ich? Ein netter Kerl? Und er wollte mir ein Wassereis spendieren?

»Und ich muss ... muss nichts dafür tun?«

»Doch.« Er nickte langsam. »Natürlich musst du etwas dafür tun. Du musst meine Tasche tragen.«

Ich sah seine Tasche an, die wie immer leger von der Schulter herab an seinem Rücken baumelte. Sie war dünn und wirkte nicht sonderlich schwer: Wir hatten heute ja nicht die Fächer mit den schweren Büchern gehabt.

Warum sollte ich sie denn nicht mal tragen? Schließlich konnte ich ihm damit meine Freundschaft beweisen – und er würde aufhören, mich zu verarschen, wenn er erst einmal mitbekam, was für ein großherziger Mensch ich war.

Also sagte ich: »Gib her! Für ein Wassereis ist das schon okay.«

Es war leider nicht okay. Gut, Hagen spendierte mir mein Wassereis. Und in den Folgetagen ebenfalls, nachdem er mir wieder seinen Ranzen auf dem Weg zum Bahnhof in die Hand gedrückt hatte – nun auch, wenn wir die Fächer mit den schweren Büchern gehabt hatten.

Aber den Abstand von zehn Metern musste ich trotzdem einhalten, und besonders viel reden tat er auch nicht mit mir.

Außer Kommandos eigentlich gar nichts: »Schneller!«, »Wo bleibst du, Kopetzki?«, »Schööön Abstand halten, denk an meine Frischluft!«, »Wir gehen heute über die Brücke!«

In den kommenden Wochen entwickelte sich die Sache so, dass er nun schon morgens vor dem Bahnhof auf mich wartete, wenn ich zusammen mit den anderen Huder Fahrschülern aus dem Gebäude trat.

»Da ist ja mein fleißiger, brauner Sklave!«, begrüßte er mich, wohl wissend, dass es mir vor den Huder Kumpels natürlich äußerst peinlich war, von einem Schulkameraden so empfangen zu werden.

Immerhin versuchte ich ja während der Fahrt, den Eindruck zu vermitteln, es ginge mir fantastisch in der neuen Eliteschule und ich wäre äußerst geachtet in meiner Klasse. Keiner sollte denken, dass ich dort im Grunde nichts zu suchen hatte.

»Nicht hier!«, raunte ich Hagen in solchen Situationen zu, und wir bogen erst in die nächste Straße, bevor er mir kulanterweise außerhalb des Blickfelds meiner Zugkollegen seinen Ranzen in die Hand drückte.

»Bitte sehr«, sagte er dann gönnerisch. »Die Gage gibt's nach getaner Arbeit!«

Mittlerweile kaufte er mir auch kein Eis mehr, sondern entlohnte mich auf meinen eigenen Wunsch hin direkt mit Hartgeld, zehn Pfennigen, denn so viel kostete das Wassereis am Bahnhof.

Geld empfand ich für meine Leistung als fairere Entlohnung im Vergleich zu kindischen Naturalien, so fühlte ich mich mehr in einer Art Geschäftsbeziehung zu Hagen.

Und diesem war es ebenfalls recht: So musste er nicht lange am Kiosk für mich anstehen, sondern konnte umgehend nach Taschenempfang und Geldübergabe in seinen Zug Richtung Rastede verschwinden.

Doch diese neue Art »Geschäftsbeziehung« half nun auch nicht mehr viel: Ich merkte nicht oder wollte nicht merken, dass ich mich von Tag zu Tag mehr zum Gespött, zum Deppen der ganzen Klasse machte.

Denn von nun an hatte ich Hagens Ranzen nicht nur vor, sondern bis in die Schule, oft sogar bis in den zweiten Stock ins Klassenzimmer zu tragen. Eher gab es kein Geld.

Die Kulanz, die er mir vor dem Bahnhofsgebäude gewährte, gönnte er mir vor dem Schulgebäude leider nicht. Und meist wurden wir schon auf dem Pausenhof mit Johlen begrüßt.

»Da ist ja der Master mit seinem Neger!«, rief Sven, wenn wir durchs Tor traten, Hagen mit stolzgeschwellter Brust, unbeschwert grienend, und ich, seine und meine Tasche schleppend, zehn Meter hinter ihm.

Andere, die das beobachteten, lachten uns entgegen und wuschelten mir mitleidig durch meine Locken. Doch lustig fanden sie mich alle. Auf spezielle Art.

Dass sich die Leute über mich amüsierten, wenn ich komische Bewegungen machte oder Geschichten erzählte, kannte ich ja schon aus Hude.

Doch hier in Oldenburg klang das Lachen anders. Man lachte nicht mit mir. Das war einmal. Ich war der, über den man lachte – weil er dumm war. Und je länger ich nichts dagegen unternahm, desto mehr wurde ich zum Klassen-Honk, zum Gruppenaffen.

In verschwindend kurzer Zeit hatte ich meinen Ruf hier weg: Ich war der »Mulattenhuder«. Der, mit dem man alles machen konnte.

# IM SEELÖWENGEHEGE

Nicht nur in der Schule ging es mir fortan schlechter, auch zu Hause. Ich konnte nicht über das reden, was ich erlebte. Es war mir peinlich.

Ich wollte nicht als Opfer dastehen, als einer, der sich von anderen fertigmachen ließ. Ich wollte nicht, dass meine Mutter sich Sorgen um mich machte und womöglich ihren Entschluss für diese Schule bereute. Und meinen Brüdern, die es mir ja sowieso zu neiden schienen, dass ich unbedingt aufs Gymnasium gehen musste (und dann auch noch auf ein privates), wollte ich einen späten Triumph nicht gönnen.

Und mein Vater? Mit dem hatte ich mich über mein Innenleben, über das, was ich mochte, was ich gerne tat, blöd fand oder verabscheute, noch nie so richtig austauschen können. Dazu war er zu wortkarg und zu pragmatisch. Und ich zu schüchtern und störrisch. Das waren keine guten Voraussetzungen.

Aber vermutlich hätte er sowieso nichts dazu zu sagen gewusst. Ich war also zum Schweigen verdammt. Ich musste das Ganze wohl oder übel mit mir selbst ausmachen.

Es waren drei, vielleicht vier Schüler, hauptsächlich Hagen, Sven und manchmal zwei ihrer Kumpels, die mir den Schulalltag zu einer Hölle machten, die ich jeden Morgen freiwillig betrat.

Sie schmierten in der Pause heimlich Joghurt in meinen Tornister und kicherten, wenn ich bei Stundenbeginn die Hefte herauszog und in die Matsche griff.

Freitags war ich ohnehin fällig, denn am Freitag war »Mulattentag«: Wenn ich mich nicht auf dem Klo versteckte, schleppten sie mich in der großen Pause zum Müllcontainer, warfen mich hinein und verschwanden, bevor ein Lehrer sie erwischen konnte. Verdreckt ließen sie mich darin liegen.

Einmal entdeckte ich in der Umkleidekabine nach der Sportstunde, dass meine Klamotten, die ich gerade anziehen wollte, von oben bis unten bepinkelt waren. Ich besaß keine anderen zum Wechseln, hatte also keine Wahl: Ich musste die Sachen für den Rest des Schultags tragen – unter ständigen Ekelbekundungen meiner Sitznachbarn.

Und Hagen und Sven waren es natürlich, die während der Mathestunde am stärksten von allen die Nase rümpften und in meine Richtung stöhnten: »Boah, wer stinkt denn so nach Affenpisse?«

Ich erduldete es. Ich erduldete alles. Ich wusste nicht, wie ich mich wehren sollte. Ich hatte keine Lobby, keine Verbündeten. Ich war der Fremde, ich war der Huder. Der Panda im Seelöwen-Gehege. Und es änderte sich nicht. Auch nicht nach Monaten. Im Gegenteil: Von Woche zu Woche schien sich die Schlinge immer mehr zuzuziehen.

Die Lage war aussichtslos: Ich hatte ja noch nicht einmal die Chance, die »Vernünftigen«, die es auch noch gab, die mich hin und wieder anlächelten und beruhigende Worte mit mir wechselten, eventuell mal nachmittags zu treffen, um mich vielleicht mit ihnen anzufreunden, denn mein Schulweg führte mich mittags geradewegs zum Bahnhof und zurück nach Hude.

Doch auch dort verlor ich mehr und mehr den Kontakt zu meinen alten Kumpels, die ja ihrerseits auf neue Schulen gewechselt waren und andere Mitschüler kennengelernt hatten, mit denen sie sich nach dem Unterricht nun trafen.

Ich fühlte mich allein. Mehr als das. Ich kam mir vor wie ein herrenlos gewordenes Haustier – zwar gefüttert und geduldet, doch meist getreten und herumgeschubst. Hier wie dort.

In dieser Zeit begann ich, mich wieder umzuschauen: nach braunen Erwachsenen auf der Straße, in Hude und in Oldenburg. Auf dem Schulweg, beim Einkaufen, in der Fußgängerzone. Im Park oder im Zug. Die ja vielleicht meine richtigen Eltern waren. Meine Familie. Die zu mir passte. Die so war wie ich. Die mich verstehen würde. Und mit der alles, was mir gerade widerfuhr, auf keinen Fall passieren würde.

# SCHWEIN MIT CORDHOSE

Es war November. Ausgerechnet in diesen trübsten aller Monate fiel ein Ereignis, das jene Zeit für mich bis heute repräsentiert. Ein Ereignis, das mich in seiner Zange hält und nicht mehr loslässt.

Manchmal träume ich sogar noch davon, verschwitzt wache ich dann auf und muss erst einmal spazieren gehen.

Ich fuhr wieder einmal Zug, es ging nach Hause, nach Hude. Ich saß allerdings nicht im Schüler-Hauptzug um 13.45 Uhr, den ich meistens nahm, den so ziemlich alle von uns nahmen, denn in Sachen Unterrichtsschluss funktionierten die Oldenburger Gymnasien identisch.

Ich war an diesem Tag aber schon früher fertig und fuhr in einer Bahn, in der außer mir kein anderer Schüler saß.

Ich kritzelte in meine »Kunstkladde« – damals malte ich immer verrückte Bilder mit Kugelschreiber, Monster mit Cowboyhüten oder Pferde, die sich in Hühner verwandelten. Ich wusste selbst nicht, warum ich das tat, und noch weniger, was meine Bildchen bedeuteten. Ich wünschte mir nur, dass sie irgendwann Millionen wert sein würden, und daher vergaß ich sie auch nie zu signieren.

Urplötzlich quietschten die Bremsen, und die Bahn stoppte – vielleicht zwei oder drei Kilometer vor Hude. Zu beiden Seiten der Schienen erstreckte sich ein Waldstück. Eigentlich war es nichts Ungewöhnliches, an dieser Stelle zu halten.

Denn manchmal hatte der Zug einfach noch keine Einfahrt, oder – wie ich es mir manchmal selbst erklärte – der Lokführer musste mal kurz zum Pinkeln raus. Doch an diesem Tag war alles anders.

Das merkte ich aber erst, als ich mal kurz von meiner Kladde aufblickte und wahrnahm, dass die Leute neben mir langsam unruhig wurden. Mittlerweile standen wir eine Viertelstunde, ohne dass sich irgendetwas tat.

Nach und nach begannen Reisende, die Fenster zu öffnen (damals konnte man das noch), um zu schauen, was denn da draußen los war. Ich selber tat das nicht, mir war das alles ziemlich egal.

Ich beugte mich einfach unbeeindruckt wieder zur Kladde und kritzelte weiter. Ich konnte ja sowieso nichts anderes tun, als zu warten.

Die wenigen Monate Pendelverkehr hatten gereicht, um mich zu einem gleichmütigen Bahnzombie mutieren zu lassen, der diesbezüglich durch nichts mehr aus der Ruhe zu bringen war.

Außerdem waren meine Gedanken ohnehin woanders. Ich war noch sauer auf Sven. Das Arschloch hatte mir nach der Reli-Stunde seinen zerkauten Kaugummi ins Haar geklebt. Ich war immer noch damit beschäftigt, ihn aus den Locken zu pulen, was vollkommen unmöglich war, ohne dass es elendig ziepte.

Auf einmal öffnete sich die Schiebetür zu unserem Großraumabteil. Der lustige Schaffner mit der dicken Brille kam zu uns herein, welcher mich wegen seiner chronisch guten Laune und seiner Figur immer ein wenig an Heinz Erhardt erinnerte.

Doch nun stöhnte Heinz eigenartig, als hätte er sich gerade verschluckt, wischte sich mit einem Stofftaschentuch in regelmäßigen Abständen übers Gesicht und murmelte in seine Uniform hinein, dass unser Zug nicht weiterfahren könne.

Diejenigen, die weiter als nach Hude wollten, sollten warten, es gäbe bestimmt irgendwann Ersatzverkehr. Den anderen würde er empfehlen, auszusteigen und zu Fuß zu gehen – zum Bahnhof wären es nur knapp zwei Kilometer.

Das war's. Damit hatte Heinz Erhardt sein Sprüchlein aufgesagt, das ihm – anders als sonst – äußerst schwerzufallen schien.

Er keuchte durchs Abteil, fuhr sich schnell nochmal mit dem Tuch über die Stirn und verschwand ohne ein weiteres Wort durch die Schiebetür auf der gegenüberliegenden Seite.

Ich wusste immer noch nicht genau, was eigentlich los war, entschloss mich aber dazu, seinem Rat zu folgen und die beiden Restkilometer zu Fuß zu gehen.

Ich nahm meinen Ranzen, öffnete die schwere Zugtür und stolperte beim Hinausgehen beinahe über ein Stück Stoff, dass sich in der Eisentreppe verfangen hatte.

Ich trat auf den Schotter, sprang über die Schienen, wanderte auf dem unebenen Waldweg weiter und pfiff ein wenig vor mich hin: »Das Wandern ist des Müllers Lust!«

Es war ein grauer Tag, der Nebel umhüllte die Landschaft wie eine Decke, und wahrscheinlich versuchte ich mir mit dem Pfeifen Mut zu machen.

Doch wozu brauchte ich den denn? Außer mir waren es vielleicht zehn andere Fahrgäste, die ebenfalls ausgestiegen waren und schon etliche Meter vor mir wanderten, hinter mir entdeckte ich niemanden.

Und dann, als mein Blick zufällig den Zug entlangglitt, sah ich es – unter dem Bauch der Lok, zwischen die Räder geklemmt: ein Schwein, das sich vermutlich auf die Gleise verirrt hatte und von der Bahn überrollt worden war. Ohne Kopf, der Rumpf zusammengepresst, das Blut klebte an seiner Haut wie Erdbeergelee.

Doch ein Schwein mit Armen und Fingern? Mit Cordhose und Schuhen? Ich blieb stehen, den Blick fest auf dieses Bild geheftet. Je länger ich meine Augen auf diesem verformten Stück Fleisch ruhen ließ, das ich ursprünglich für ein Tier gehalten hatte, desto genauer konnte ich andere Konturen entdecken: Es war ein Mensch, was da lag!

Auf einmal wanderte mein Blick ein paar Meter nach oben, weil sich dort etwas bewegt hatte.

Genau über der Leiche lehnte sich der Lokführer aus einer Luke des Führerhäuschens.

Er rauchte. Ihm schien es zu missfallen, dass ich wie angewurzelt vor ihm stand und ihn anstarrte. Ihn und sein Werk. Wie ein in Stein gemeißelter, stiller Vorwurf. Und seltsamerweise pfiff ich immer noch: »Das Wandern ist des Müllers Lust ...«

»HÖR ZU PFEIFEN AUF, KANAKE!«, rief er. Und dann leise, ohne mich anzusehen: »Verpiss dich!«

Er schnippte seinen Zigarettenstummel in meine Richtung und verschwand hinterm Fenster. Ich brach das Pfeifen ab. Wandte mich um, hastete weiter, stur geradeaus Richtung Bahnhof, ohne mich noch einmal umzuschauen.

Fortan erschien mir dieser rauchende Lokführer oft in meinen Nächten. Und er tut es manchmal immer noch.

Er lehnt dann aus seiner Luke, unter ihm die Leiche zwischen den Lokrädern, und schnippt mir seinen Zigarettenstummel zu. Manchmal lächelt er, manchmal weint er sogar, und manchmal schreit er mich an.

Aus der Zeitung erfuhr ich, dass er von seiner Tätigkeit freigestellt worden sei und sich in »stationäre psychiatrische Behandlung« begeben habe. Er war offensichtlich nicht Herr seiner Sinne, als er mir begegnete.

Aber seine Worte »Hör zu pfeifen auf, Kanake!« hinterließen Spuren. Sie mutierten in meinen Ohren, in meinem Hirn zu einer Art geflügeltem Wort.

Immer, wenn ich an mir zweifle, wenn mir irgendetwas nicht so gelingt, wie es sollte, wie ich es mir vorgenommen habe, klingt seine Stimme wie ein kleiner Teufel, wie das schrille Pfeifen eines schlecht eingestellten Hörgeräts in meinem Trommelfell.

Und ich weiß, dass ich dieses Bild, diese Worte, dieses Ereignis niemals loswerde.

# McEnroes Sohn

Es war Boris Becker, der mich rettete. Er schaffte es, mich aus dem Sumpf, in den ich immer weiter hineingesackt war, herauszuziehen.

Vorher hatte ich mich nie so richtig für Sport interessiert. Selbst Großereignisse wie die Fußball-WM oder die Olympiade, die die Fernsehkanäle verstopften, waren an mir vorbeigerauscht wie Autos auf der Landstraße, deren Existenz ich zwar wahrnahm, die meine Aufmerksamkeit aber nicht fesselten.

Das änderte sich mit Boris' erstem Wimbledon-Gewinn, den ich nur zufällig am Fernseher mitverfolgte, weil gerade nichts Besseres am Sonntagnachmittag lief.

Ich weiß nicht, was mich an diesem endlosen und eigentlich furchtbar langweiligen Geploppe plötzlich so faszinierte, aber jener rotblonde Lausbube, der nach seinem überraschenden Finalsieg einen überdimensionalen Trinkkelch in die Höhe stemmte, veränderte nach und nach alles in meinem Leben.

Vielleicht lag es daran, dass er noch so jung war: Er war knapp fünf Jahre älter als ich und genauso alt wie mein Bruder Steffen, dem ich das natürlich unter die Nase hielt und der ziemlich gereizt darauf reagierte, weil er Boris nicht leiden konnte.

Oder lag es daran, dass der Typ mir ein Gegenleben präsentierte? Dieser lispelnde, etwas dümmlich dreinschauende Sommersprossenheini, der immer leicht mongoloid wirkte, wenn er zu reden begann (unter uns Kindern wurde es zum Volkssport, wer ihn am besten nachmachen konnte), und der bestimmt ebenso wie ich in der Schule gehänselt worden war, zeigte es allen: Als erster ungesetzter Spieler und als Jüngster aller Zeiten gewann er das größte Tennisturnier der Welt!

Ich schnappte mir einen Federballschläger, den ich auf dem Dachboden fand, einen vergilbten Tennisball, der am Straßenrand herumlag und auf dem der Nachbarshund manchmal herumkaute, und wuchtete Schläge gegen unsere Hauswand.

Das war der Anfang. Nur der Anfang. Doch meine Eltern hofften, dass meine neu entdeckte Leidenschaft für Boris und sein Tennis schnell verebben würde.

Tennis – oh mein Gott! Das galt als »Bonzensport«, als einer, den sich unsere Familie nie und nimmer leisten konnte – und wollte! Schon gar nicht, nachdem sie neuerdings mit einem gehörigen Batzen Schulgeld für mein Privatgymnasium aufkommen musste.

Nur wurden meine Schläge gegen die Hauswand immer penetranter, mein Quengeln, Heulen und Zetern, in den hiesigen Tennisverein eintreten zu dürfen, immer dringlicher und meine Probleme, die ich in der Schule mit meinen Mitschülern hatte, immer unlösbarer.

Sie verlangten nach einem Ventil. Und Boris sorgte für eins.

Kurioserweise war es Hagen, der, natürlich ohne es zu wissen, ansonsten hätte er es vermutlich bleiben lassen, den Ausschlag dafür gab, dass ich mein Ziel nach etwa einem Jahr (einem dramatischen Jahr, voller Hoffnungen, Enttäuschungen, Weinkrämpfen und Lichtblicken – ein Jahr fast wie ein Match von Boris Becker) doch noch erreichte: Ich hatte die Aufnahmegebühr für den Tennisverein tatsächlich zusammengekratzt – und zwar ein gutes Stück dadurch, dass ich die zehn Pfennige, die mir Hagen jedes Mal beim Tornisterschleppen (welches seit Boris einen ganz anderen Sinn für mich bekam) überließ, sorgsam zur Seite legte.

Tja. Noch Fragen?

Fortan lebte ich für diesen Sport, es gab nichts anderes, ich wurde »tennis-autistisch«.

Meistens radelte ich direkt nach der Schule, oft genug, ohne mittagzuessen, umgehend zur Anlage und verbrachte die Zeit bis zur Abenddämmerung – wenn das Wetter und die Vereinskollegen nichts dagegen einzuwenden hatten – vollständig auf dem Platz. Ich drosch mit Wut, Ehrgeiz und fast schon Fanatismus auf die kleinen gelben Bälle ein, hechtete ihnen schonungslos hinterher und war bald schon bekannt im Verein als der »geistige Sohn von John McEnroe«, denn wenn ich spielte, war das aufgrund meiner Kraftschreie auf der gesamten Anlage zu hören.

Einmal brüllte ein Mann vom Nebenplatz zu mir zurück: »Von deinen Flüchen wird dein Spiel nicht besser!«

Ich lachte über ihn. Auf dem Tennisplatz war mir egal, was die Leute von mir hielten. Da war mir alles egal. Da konnten sie mich kreuzweise. Was ich in der Schule schluckte, das spie ich auf dem Platz wieder aus.

Einmal zerschlug ich bei einem Turnier sogar meinen eigenen Schläger. Worüber man sich auf den Nebenplätzen herzhaft amüsierte. Zum Glück erhielt ich zu meinem Geburtstag einen neuen.

Für die Schule aber gab der Sport mir ein unglaubliches Selbstbewusstsein. Und ich fragte mich, warum ich nicht bloß früher damit angefangen hatte.

Denn für meinen heißersehnten Wunsch, vielleicht doch noch eine professionelle Tennislaufbahn einzuschlagen (mein bisheriger Traumberuf Priester war schon längst von mir auf die Ränge verwiesen worden), war es trotz meines täglichen Trainingseifers natürlich zu spät. Da hätte ich – wie Boris – wohl eher als Kleinkind anfangen müssen.

Obwohl ich schon nach kurzer Zeit erstaunliche Erfolge vorzuweisen hatte: Bald gehörte ich zu den Besten im Bezirk, zumindest in meiner Altersklasse, spielte erfolgreich nationale Turniere und mit vierzehn Jahren in der ersten Herrenmannschaft – und das wollte schon was heißen!

Ich war in meinem Element. Neuerdings auch, was Mode betraf! Meine Eltern merkten nämlich, wie gut mir der Sport tat, und kauften mir (freilich im Zusammenhang mit meinem Taschengeld und einer verhökerten Hörspiel-Plattensammlung) ein paar schöne Adidas-Shirts und Pullover, mit dem unverwechselbaren Design der Tennisstars Lendl und Edberg, dazu rotweiße Puma-Schuhe mit dem Signet Beckers drauf – alles zu jener Zeit schwer in Mode.

Plötzlich war mir meine Ausstrahlung ziemlich wichtig geworden. Und dafür nahm ich so manche Flunkerei in Kauf: Für ein ebenfalls im Trend liegendes weißes Lacoste-Polohemd mit dem süßen Krokodilslogo, das unverschämte hundertneun Mark kosten sollte, langte es nämlich nicht.

Ich schnitt mir stattdessen einfach das Krokodil aus dem weitaus billigeren Armschweißband und nähte es in Brusthöhe auf ein C&A-Hemd. Das überzeugte die Leute.

Auch meine Klassenkameraden. Endlich war ich in meiner Schule angekommen.

Auch Hagen, Sven und meine anderen Peiniger bemerkten natürlich mehr und mehr die Veränderung, die langsam, aber sicher bei mir stattfand.

Mit jedem gewonnenen Tennismatch wurde mir das, was mir in der Schule widerfuhr, ohnehin gleichgültiger, und das spürten sie. Im Lauf der Zeit entzog ich ihnen einfach die Grundlage ihres Tuns: Ich maß ihm keine Bedeutung mehr bei. Und ihnen auch nicht.

Ich hatte jetzt andere Probleme: den Rückhand-Topspin zum Beispiel, der noch gehörig Luft nach oben besaß. Oder meinen Angstgegner im Landkreis, den ich noch nie besiegt hatte und auf den ich beim nächsten Punktspiel wieder treffen sollte.

Hagen, Sven und ihren Spießgesellen machte es nun schlicht und einfach keinen Spaß mehr, mir die Klamotten zu bepinkeln oder Kaugummi in die Locken zu kleben.

Und ohne dass ich es richtig mitbekam, weil ich viel zu sehr mit anderen Dingen beschäftigt war, hatte sich meine Tortur verflüchtigt, ihr war der Sauerstoff entzogen wie einem zehn Tage alten Luftballon.

Doch Tennis sorgte nicht allein dafür, dass die für zementiert geglaubten Machtstrukturen allmählich aufweichten. Es gab noch einen anderen Grund. Und der hatte mit dem anderen Geschlecht zu tun.

# PRINZESSIN VOM PLATTENSEE

Sie hieß Agnesch, Agnesch aus Pescht (so sprach man das jedenfalls aus).

Aber als ich, nein, als wir alle sie das erste Mal wahrnahmen – der eine früher, der andere später, je nach sexueller Reife –, hätte sie auch »Käsebrot« heißen können, das hätte uns genauso wenig interessiert.

Dieses Mädchen – oder soll ich sagen, diese Frau (denn sie hatte bereits alles, was diese Bezeichnung verdiente)? – brachte Pausengespräche zum Verstummen, und zwar bei beiden Geschlechtern.

Sie besaß zarte, aber definierte Gesichtszüge wie die junge Liz Taylor, die Pupillen rabenschwarz, fast asiatisch die weit auseinanderlaufenden und dennoch riesigen Augen, eine herrlich kecke Stupsnase, dazu eine wilde Lockenmähne, die immer so herrlich zerwuschelt wirkte, als wäre sie gerade aus dem Schlafzimmer getreten.

Und was für ein Lächeln: Die bezaubernd auseinanderstehenden Vorderzähne, genau in der Mitte der oberen Reihe angesiedelt, blinkten einem herausfordernd entgegen, die süßen Grübchen zogen sich zusammen, und die Pupillen blitzten wie teure Smaragde. Dazu trug sie hochhackige Stiefel, die ihr Kommen schon Minuten vorher ankündigten, und über meist feuerroten Strumpfhosen einen kurzen Rock.

Darüber – verdammt, bloß nicht hingucken! – taillierte Blusen mit einem Ausschnitt, der einem Angst machte (oder Hoffnung, je nachdem), dass ihre beträchtlichen Brüste jeden Augenblick in nackter Schönheit herausploppen könnten.

Sie bewegte sich vollkommen anders als die Mädchen in meiner Klasse, ja, anders als die in der kompletten Schule. Sie wackelte beim Gehen lustvoll mit ihren Hüften und ihrem Hinterteil, als würde sie jeden Schritt in ihrer für uns so provozierenden Weiblichkeit genießen und auskosten.

Sie flirtete hemmungslos mit älteren Mitschülern und auch Lehrern, grinste dabei frech und spielte versonnen an ihrer Haarmähne, aber in jeder ihrer Bewegungen lag die entspannte Gewissheit, dass die Kerle, ob jung oder alt, ob Physiklehrer oder Oberstufenprimus, ohnehin nur mit ihr ins Bett wollten.

Das alles beobachtete ich von Weitem, denn damals hätte ich mich nie getraut, ein solch außergalaktisches Wesen anzusprechen. Sie faszinierte mich – leider nur aus der Distanz.

Das Selbstbewusstsein, welches bei Agnesch schon so ausgeprägt war und sich bei mir doch gerade erst im Aufbau befand, die Selbstverständlichkeit, in der sie mit dieser vollkommen fremden Situation klarkam und die sie scheinbar sogar für sich auszunutzen vermochte, mochte ich.

Denn sie war Austauschschülerin, und nicht nur das: fast schon revolutionär sogar eine Austauschschülerin aus dem Ostblock!

Wir schrieben das Jahr 1989, und zwar Sommer. Die Mauer war noch intakt, doch Ungarn hatte die Grenzzäune bereits halbwegs geöffnet, und genau von dort verschlug es unsere Agnesch ins kapitalistische Oldenburg, direkt in meine Parallelklasse.

Warf man einen Blick auf dieses atemberaubende Wesen, war uns freiheitlich geprägten, hedonistisch aufgewachsenen Wessi-Jugendlichen, die wir mit der Überzeugung groß wurden, alles hinterm Eisernen Vorhang sei rückständiger als wir, nicht so ganz klar: Wer war eigentlich der Rückständigere? Agnesch oder wir?

Zumindest unseren Mädchen gab sie allein durch ihre Anwesenheit die eine oder andere Lehrstunde darin, was Weiblichkeit bedeuten konnte.

Die trugen nämlich noch gerne den in den achtziger Jahren so begehrten knallbunten Schlabberlook, begleitet von Föhnwelle, Schulterpolstern und weißen Turnschuhen.

Und Agnesch? Sie versuchte erst gar nicht, ihr Frausein mit Ironie und Understatement zu vertuschen. Und das zeigte bei uns Jungs Wirkung.

Die forscheren unter den männlichen Klassenkameraden wagten sich nach Schulschluss oder in den Pausen nach und nach an sie heran, umgarnten die rassige Schönheit, die das mit kessem Lächeln und gelegentlichen Avancen (Augenaufschlag oder Kussmund) beantwortete. Doch mit mehr auch nicht. Jedenfalls nicht, dass ich es mitbekam.

Dumm also, dass diese von uns allen so heillos vergötterte Prinzessin vom Plattensee, die wirkte, als wäre sie direkt aus einem orientalischen Märchen in unsere glanzlose Schule gebeamt worden, sich seltsamerweise für jemanden zu interessieren begann, den diesbezüglich überhaupt keiner auf dem Schirm hatte, nicht einmal er selber: nämlich für mich.

Meine bisherigen Erfahrungen mit Mädchen ließen sich an einer Hand abzählen, und diese Hand brauchte ich noch nicht einmal zu erheben: Es gab keine.

Und warum auch? Ich hatte bisher kein Interesse in diese Richtung an den Tag gelegt, genauso wenig wie in Richtung Party, Alkohol, Rauchen oder was sonst noch zu einem »jugendlichen Leben« dazugehören mochte.

Dazu war ich noch viel zu unsicher. Und viel zu beschäftigt mit meinem Tennissport, als dass ich dafür auch noch Zeit hätte investieren wollen.

Doch das änderte sich. Und zwar schlagartig, als Agnesch mich etwa zwei Wochen nach dem Beginn des Schuljahrs auf dem Weg zum Bahnhof mit ihrem Hollandrad abfing.

»Isch biin Agnesch – Agnesch aus Pescht«, stellte sie sich vor (als würde ich das nicht schon wissen), zwar grammatikalisch korrekt, aber mit herzhaftem Akzent (ich dachte umgehend an einen Lieblingsfilm meiner Mama aus den Fünfzigern, der manchmal im Fernsehen lief: »Ich denke oft an Piroschka« – die Hauptdarstellerin, die eine Ungarin spielte, sprach darin ganz ähnlich) und einer dunklen, lasziven Stimme, wie nach einer ordentlich verrauchten, versoffenen und durchvögelten Nacht – ich merkte, wie die Fantasie mit mir durchging.

Ich brachte kaum eine Silbe heraus, außer, dass ich mich ebenfalls vorstellte, aber meine Wortkargheit schien ihr ganz recht zu sein. Den Rest des Gesprächs besorgte sie selber, und das mit sichtlichem Vergnügen: Sie redete in einem reißenden, nicht enden wollenden Fluss.

Ich verstand zwar nur einen Bruchteil, aber es klang alles sehr hübsch. Sehr, sehr hübsch. Sehr fremd. Sehr exotisch. Von weit, weit her. Und genau das gefiel mir.

Je länger sie redete, desto mehr entspannte ich mich. Vergaß, dass gerade die schönste Frau der Schule ihr Rad neben mir herschob. Ich ließ mich von ihrer geheimnisvoll vor sich hin rauschenden Sprachmelodie, ihrem Singsang einsäuseln.

Es ging um ihre Heimat, um den Plattensee, wie herrlich es da im Sommer wäre, dass sie aus Pescht käme und nicht aus Budapescht, wie alle immer irrtümlich glauben würden, was sie an Oldenburg schön fände (die Sauberkeit) und was nicht so schön (die Jungs zum Beispiel).

Und plötzlich trat an die Stelle des entspannten Zuhörens etwas anderes. Ich genoss es nicht nur, es erfüllte mich mit Stolz, warm und wohlig fühlte es sich an, und immer mehr Gesprächsfetzen warf ich nun selber ein. Kleine, scherzhafte Bemerkungen, die sie mit ihrem sagenhaften Zahnlücken-Lächeln quittierte.

Und schon bald dribbelten wir uns die Bälle zu, schienen auf einer Welle zu schwimmen. Ich war im Rausch und vergaß, dass wir schon mehrmals um den Bahnhof herumgelaufen waren, ohne ihn zu betreten – und ich den Zug natürlich längst verpasst hatte.

Ich weiß nicht, ob ich schon zu diesem Zeitpunkt in sie verliebt war. Wenn nicht, lief es jedenfalls stark in diese Richtung. Zuvor war es mir nie passiert, dass ein Mädchen sich so offensichtlich für mich interessierte. Und dann auch noch ein solches Hammerweib!

Ich war mehr als geschmeichelt, ich stand in Flammen, ich strotzte vor Glück und Stolz, ich flog quasi den Restweg nach Hause.

Allerdings erst, nachdem sie sich mit den eindrucksvollen Worten am Bahnhof von mir verabschiedet hatte: »Du weißt nischt, wie viel Mädschen disch finden sexy!«

Wow. Das saß. Das befruchtete meine Fantasie. Und zwar für eine ziemlich lange Zeit.

# TINNITUS MIT HAAREN IM ARSCH

Um es kurz zu machen: Agnesch aus Pescht und ich wurden ein Paar. Sie war die Erste, die mir zeigte, was diese sagenumwobene Konstellation bedeuten konnte: eine Frau und ein Mann.

Ich, ein blutiger Anfänger der Liebe. Mit ihr, die für ihre sechzehn Jahre schon beträchtliche Erfahrungen besaß.

Die Tage und Abende (Nächte wurden es leider nie, dafür waren wir nach Ansicht unserer Eltern, beziehungsweise Gasteltern zu jung; sie achteten darauf, dass wir nicht zu lange miteinander auf dem Zimmer blieben – doch die Zeit reichte dicke, um all die Dinge zu tun, die uns unsere Neugier befahl) waren lehrreich für mich: ein nicht enden wollender Trip, körperlich und seelisch. Ich fühlte mich jedes Mal bei ihr wie aufgetankt, wie bis zum Rand hin erfüllt mit frischer Power, wie ein neu aufgeladener Akku.

Das war schon etwas anderes als ein Kreismeistertitel im Tennis oder ein Sieg gegen den Erzgegner: Das war Entspannung, Höhenflug und Siegesrausch in einem, ein Gefühl, als gehörte mir der ganze Planet, naja, zumindest die ganze Stadt, und als könnte sie mir niemand entreißen.

Niemand? Hmm. Einer versuchte es. Da stand er nämlich wieder. Ganz plötzlich. Und schien doch eigentlich längst abgeschrieben zu sein. Mein alter, mein spezieller Freund. Hagen.

Wie ein längst verheilter Tinnitus, der nach Jahren ins Ohr zurückkehrt: »Hallo, da bin ich wieder – und war im Grunde nie weg!«

Die täglichen Angriffe und mein bescheuertes Taschetragen lagen nun schon ein Weilchen zurück.

So lange, dass es mir vorkam, als wäre es jemand anderes, der das erlebt hatte. Eine Person, deren Erinnerungen ich zwar teilte, die aber auf keinen Fall ich selber war. Die ich nicht sein konnte. Die nicht zu dem Tennischampion passte, der das schönste Mädchen der Schule ergattert hatte.

Als würde diese eigenartige Vergangenheit nicht in mein frisch entpupptes, neu erwachtes Leben passen – das auf jeden Fall mehr mein Ich war, mehr mein Ich sein musste als dieses räudige Ich von früher.

Auch Hagen war in der Zwischenzeit gereift. Im Lauf der Jahre war sein Gesicht kantiger geworden. Die rotblonden Haare trug er als Seitenscheitel, hinten ausrasiert, mit stufig geschnittenem Deckhaar (damals bezeichnete man das als »Poppertolle«), und vorn waberte ein Pony.

Er war zu einem regelrechten Mädchenschwarm mutiert. Vermutlich hatte das mit seinem Witz zu tun, seinen unbestrittenen Leader-Qualitäten und seiner Forschheit.

Er ging ran, kannte da gar nichts: Wenn ihn ein Mädchen interessierte, zeigte er ihr das – und hatte damit oft genug Erfolg.

Auch bei Agnesch war er, bevor sie mit mir zusammenkam, schon vorstellig geworden. Hatte ihr Süßkram angeboten, wie ich das oft in den Pausen verstohlen hatte beobachten können, und sie verliebt angelächelt, wenn sie mal zugegriffen hatte.

Überhaupt schien er sich in ihrer Gegenwart in ein sanftes Schaf zu verwandeln, das nichts anderes benötigte als ein winziges Stück ihrer Aufmerksamkeit.

Doch hatte ich auch mit Freude und Genugtuung erleben dürfen, wie sie nach Durchschauen der Masche mit den Süßigkeiten ihn gnadenloser als alle anderen abblitzen ließ – und eines Tages einfach nicht mehr beachtete.

Als ich selber erreicht hatte, was von Hagen so prominent angestrebt worden und woran er desaströs gescheitert war, rächte er sich bei mir auf ähnliche Weise – was mich herzlich wenig interessierte: Er entzog sich vollständig meinem Blickfeld, meiner Wahrnehmung, richtete einfach nicht mehr das Wort an mich.

Wenn ich einen Raum oder eine Ecke betrat, in der er gerade weilte, verließ er einfach die Szenerie. Doch nicht etwa mit einem blöden Kommentar oder einem Schlag auf seine Stirn, wie er es vielleicht früher getan hätte. Im Gegenteil: Er wirkte fast schüchtern in meiner Gegenwart.

Bis zu jener kleinen Pause an einem Donnerstag vor der fünften Stunde, als Agnesch noch schnell vor unser Klassenzimmer trat (in einem weißen, kurzen Rock, der schon nicht mehr weiß, sondern fast durchsichtig war), um mir einen erfolgreichen Mathetest zu wünschen, welchen wir gleich schreiben würden. Und mich mit einem ihrer endlosen, nassen Küsse in die Stunde verabschiedete.

Anschließend lächelte sie vielversprechend, ich ebenfalls: Wir waren für heute Nachmittag bei ihr verabredet.

Sie roch würzig, nach Anis, nach Schweiß und ihrem neuen Parfüm, und sah einfach fabelhaft aus. Heute fabelhafter denn je, und das bemerkte wohl auch Hagen.

»Ihr zwei passt gut zusammen, hat das schon jemand mal gesagt? Ich meine, rein farblich ... braun und braun«, raunte er mir zu, als ich entrückt zu meinem Platz schlenderte.

Ich hörte gar nicht zu, spürte intuitiv, dass seine Aussage es wert war, ignoriert zu werden. Überdies hatte ich keine Lust, mir meine gute Laune verderben zu lassen.

Ich setzte mich und nahm meine Hefte zur Hand. Er folgte mir, lehnte sich an meine Tischkante und betrachtete mich lange.

»Ach, du sprichst jetzt nicht mehr mit unsereinem?«, zischte er.

Offensichtlich war er wütend. Warum, das konnte ich mir denken: Ich hatte mit seinem Schwarm geknutscht.

Ich grinste versonnen. Das brachte ihn erst recht auf die Palme.

Er funkelte mich an:

»Glaubst du, du bist was Besseres, weil du mit der Ungarin poppst? Ihr poppt doch, oder? Wie machst du dich denn so in der Kiste? Furzt du dabei? Machst du Affentänze wie im Sportunterricht? Steht sie drauf, wenn du deinen haarigen Körper entblößt? Sie hat wahrscheinlich auch ziemlich viel Haar, im Arsch und an den Beinen, oder? Deswegen trägt sie ja wohl auch immer Strumpfhosen, damit das nicht so auffällt, was? Erzähl doch mal, mich interessiert das! Hast du sie mal gezählt? Wie viele Haare hat sie im Arsch?«

Ich versuchte, wegzuhören, so gut es ging, aber das war nicht ganz leicht. Schon nach den ersten Sätzen hatte ich begonnen, mich an mein Matheheft zu klammern. Versuchte, mich auf die Gleichungen, die darin standen, zu konzentrieren. Es gelang mir noch weniger als sonst.

Hagen näherte sich meinem Gesicht, ich roch seinen Atem.

»Na sag schon, Monchhichi!«

Sein Speichel sprühte mir an die Wange.

»Falls du nicht zu fein bist für Männergespräche – ich hab dir schließlich ordentliche Fragen gestellt!«

Er gestattete mir eine Pause, in der ich ihm offensichtlich zu antworten hatte. Ich tat es nicht.

Er schnaubte:

»Aha, ich verstehe, du willst nicht!«

Er lachte abfällig.

»King Lui lässt sich von seinem Affenthron nicht herab zu uns, he?«

Er ergriff meinen Arm, kam so dicht an mich heran, dass ich seine Schweißtropfen an meinem Gesicht spürte, und begann, zu flüstern: »Ich verrat dir ein Geheimnis, Klopetzki: Du wirst nie einer von uns werden. Niemals. Da kannst du dich anstrengen, wie du willst! Und weißt du auch, warum? Weil du auf einer Müllkippe in Uganda gezeugt wurdest!«

Ich fing an, zu zittern. Tränen traten mir in die Augen, doch ich hatte keinen Funken Lust, sie ihm zu zeigen.

Ich hoffte inständig, Herr Seitz, der Mathelehrer, würde endlich in den Klassenraum kommen, um den Unterricht abzuhalten. Noch nie hatte ich eine Stunde so sehr herbeigesehnt, geschweige denn einen Mathetest!

Nun begann Hagen – was sollte das wohl werden? –, um meinen Tisch herumzutänzeln, eine Art Beschwörungstanz zu zelebrieren, oder was auch immer das sein sollte.

Er zischte dabei und schrie, lachte und polterte. Hin und wieder näherte er sich meinem Ohr oder Gesicht. Ich zuckte regelmäßig zusammen.

Es kam mir so unwirklich vor. Ich hatte so etwas noch nie erlebt. Noch nicht einmal im Fernsehen.

Langsam, ganz langsam wagte ich es, ihn wieder anzublicken, was ich vorher strikt vermieden hatte, um ihn nicht noch mehr zu reizen – doch jetzt war mir das egal. Ich gaffte ihn an, mit geweiteten Pupillen, weil er mir so absurd vorkam, so vollkommen neben der Spur, wie ein wild gewordenes Rumpelstilzchen.

Das war keine Rage mehr, das war Trance, in die er sich da gesteigert hatte, als befände er sich auf einem üblen Drogentrip. Es wirkte, als könnte er überhaupt nicht mehr aus eigener Kraft abschalten, als müsste man einen Stecker ziehen, um ihn zu stoppen. Was war bloß mit ihm los?

»Du bist einfach nur ein Haufen adoptierter Dreck, Kopetzki, weißt du das?«, schrie er, und seine Stimme überschlug sich. »Ein widerliches braunes Kackstück, genetisch unrein! Kannst du dir vorstellen, was normale deutsche Menschen in deiner Gegenwart ertragen müssen? Kannst du das? Vor ein paar Jahren hätten sie jemand wie dich ins Lager gesteckt, da hätte sich das Problem von selbst gelöst!«

Und nun endlich, in diesem Moment, nach einem gefühlten Monat, stand Herr Seitz in der Tür. Warum musste er gerade heute so spät kommen? Sonst war er doch immer pünktlich!

Mein Blick wanderte ihm zu, fast flehentlich. Ich konnte sehen, wie konsterniert er war. Er starrte auf dieses irrwitzige Geschehen, das da in der Mitte des Raums stattfand, ohne sich zu rühren, ohne zu sprechen. Er wusste nicht, was er machen sollte.

Mein Gott, der Arme war doch bloß ein Lehrer! Und Hagen war kein schlechter Schüler, auch kein aufsässiger. In den Augen der Lehrerschaft galt er als charmanter Frechdachs, einer, dem man alles verzieh. Bisher jedenfalls. Denn davon schien er nun meilenweit entfernt zu sein.

In der Klasse war es ruhig geworden. Sämtliche Gespräche waren abgeebbt. Alle starrten auf Hagen. Sven näherte sich ihm und tippte ihn an. Als Zeichen, dass es Zeit war, aufzuhören. Auch Herr Seitz glaubte, es wäre nun Zeit, langsam auf sich aufmerksam zu machen. Er räusperte sich.

»Können wir dann mal?!«, rief er.

Es war klar, an wen es gerichtet war.

Hagen brach ab. Abrupt. Ohne Herrn Seitz anzusehen. Von einem Moment auf den anderen wechselte er den Gesichtsausdruck. Plötzlich wirkte er nett und entspannt. Klopfte mir freundschaftlich auf die Schulter und wanderte, als sei nichts gewesen, zu seinem Platz.

Ich hab mich getäuscht, überlegte ich. Man braucht keinen Stecker zu ziehen: Hagen kommt von allein zurück.

Herr Seitz sagte nichts. Eine ganze Weile. Er schaute Hagen nur an. Nicht wütend, nicht vorwurfsvoll. Fassungslos. Er wusste vermutlich nicht, wie das jetzt gelingen sollte: zurück zum Alltag, zurück zur Schulstunde, zurück zum Mathetest.

Hagen half ihm dabei.

Er hob den Blick und lächelte ihn an.

»Was wollen Sie denn, Herr Seitz?«, sagte er. »Kommt doch in den besten Familien vor.«

In Zukunft sprach keiner mit mir darüber. Weder Hagen oder Herr Seitz noch einer der anderen, die diesen Vorfall mitbekommen hatten.

Doch das störte mich nicht – im Gegenteil: Ich hatte sowieso keine Lust, mich mit dieser Geschichte näher zu beschäftigen. Das mutete unangenehm an. Und wie gesagt: Sie passte vielleicht noch zu meinem alten Ich. Nicht aber mehr zu meinem neuen.

Ich legte sie ad acta – dachte einfach nicht mehr darüber nach. Warum auch? Die Sache hatte ihren Sinn erfüllt. Denn die wichtigste Botschaft jener Mathestunde lautete: Meine Zeit als »Mulattenhuder« war ein für alle Male vorbei.

# KUSS AUF DIE STIRN

Hagen lag in seiner Annahme übrigens falsch: Agnesch und ich passten NICHT zueinander, und das merkten wir eigentlich ziemlich rasch, nachdem der erste Verliebtheitsrausch vergangen war. Oft stand ich schüchtern neben ihr, wenn sie in großer Runde Anekdoten zum Besten gab oder ihren stetig wachsenden Freundeskreis (der wurde größer, je besser sie die Sprache beherrschte) mit ihrer Fähigkeit, Prominente oder Lehrer zu imitieren, unterhielt. Ich lachte zwar mit, kam mir aber klein und unbedeutend neben einer so extravertierten Persönlichkeit vor, die ich ja seltsamerweise meine Freundin nennen durfte.

Ich war unsicher, was ich ihrem Glamour entgegenhalten konnte, was ich ihr überhaupt zu geben imstande war. Und genau das spürte sie.

Und ich spürte: Sie war die Starke, doch sehnte sie sich danach, dass ich stärker war als sie. Das setzte mich unter Druck. Und je mehr das der Fall wurde, desto schwächer wurde ich.

Agnesch trennte sich von mir, indem sie mich nach der Schule in einem nahe gelegenen Bistro auf einen Kaffee einlud.

»Mathiaasch«, begann sie, während sie ihre Stimme senkte, als würde sie zu einer Trauerrede anheben wollen. »Du biist lieb …« Sie atmete angestrengt, weil es nicht das traf, was sie sagen wollte. Dann hatte sie es: »Du biist ZU lieb.«

Und setzte noch einen nach: »Du biist einfach zu lieb.«

Ich starrte sie entsetzt an, während sie von ihrem Exfreund in Pescht berichtete, dem ich sehr ähnlich sehen würde, und rot wurde, als sie mir gestand, dass dies der einzige Grund gewesen war, warum sie mich attraktiv gefunden hätte.

Doch auf einmal strahlte sie, weil ihr etwas Positives zu mir eingefallen war: Erst durch mich hätte sie begriffen, dass sie ihn noch liebte, obwohl er sie betrogen und geschlagen hätte, aber das hätte sie ja schließlich auch provoziert.

Wenn sie zurück nach Pescht ginge, würde sie ihn wieder kontaktieren müssen. Tja, so seien Frauen nun einmal. Aber mir würde sie ewig dankbar sein.

Und damit gab sie mir einen letzten Kuss (auf die Stirn), packte ihre Sachen zusammen und verschwand aus meinem Leben. Die Rechnung für die beiden Kaffees überließ sie mir.

Ich bin dir ebenfalls dankbar, überlegte ich, regungslos an meinen Platz gefesselt – viel anderes konnte ich in diesem Moment ohnehin nicht denken. Du hast mir viel beigebracht, viel gezeigt, und ich habe vieles überwunden durch dich.

Nur, dass ich in Agneschs Augen »zu lieb« sein sollte, nagte lange an meiner aufkeimenden männlichen Seele und überdauerte sogar den wochenlangen Liebeskummer, der jenem Bistro-Besuch folgen sollte.

Vielleicht lag darin aber das Geheimnis: Man musste vermutlich ein Arschloch sein, um Frauen zu beeindrucken, wie dieser bescheuerte Doppelgänger von mir da in Pescht.

Daher versuchte ich, mich in den kommenden Jahren auch ansatzweise wie ein Arschloch zu benehmen. Zumindest in Bezug auf Frauen. Und hatte damit gar nicht mal so schlechten Erfolg.

# NUR TÜRKEN PINKELN AUF MOPEDS

Ich lehnte mal wieder an der Bar und flirtete mit einem hübschen Mädchen.

Gut, eine richtige Bar war es nicht gerade, eher die klebrige Theke des Bierwagens vom Schützenfest unserer Nachbargemeinde.

Und direkt »Mädchen« konnte man Cornelia auch nicht mehr nennen, dann doch eher »junge Frau«. Sie war gute zwölf Jahre älter als ich, Ende zwanzig, bestückt mit einer blondierten Dauerwelle, wie sie damals, Anfang der Neunziger, gerade schwer in Mode war, und eigentlich überhaupt nicht mein Typ. Die Bezeichnung »hübsch« war also ebenfalls relativ.

Aber auf dem Schützenfest wählerisch zu sein hieß allein nach Haus zu gehen, und ich hatte einfach schon zu viele Jim Beam mit Cola geschlürft, um imstande zu sein, überhaupt noch irgendwo hinzugehen.

Mittlerweile waberten die Lichter der Fahrgeschäfte unscharf vor meinen Augen, das lachende, kreischende Volk, das an mir vorbeiflanierte, die Thekenkräfte, die unablässig Gläser auf das Holz knallten – das alles drang wie durch einen Trichter gespült in mein Ohr.

Das Geräuschmeer aus schlechter, basslastiger Schlagermusik (»Verdammt, ich liiieb dich! Ich lieb dich nicht!«), die grölenden Gespräche, das Ruckeln und Klappern des benachbarten Autoscooters, dies alles schlingerte undefiniert in meinem Hirn umher und sorgte dafür, dass ich gar nicht mehr so richtig mitbekam, mit wem oder was ich da überhaupt redete.

Ich spürte nur diesen stärker werdenden Anflug von alkoholinfizierter Geilheit, und es war die Zigarette, die ich von Cornelia, weil sie zufällig neben mir stand, geschnorrt hatte, die den Anlass dazu gegeben hatte, sie die nächste halbe Stunde lang gnadenlos vollzutexten. Und sie doch eigentlich nur ins Bett haben wollte.

Allerdings war ich so dicht, dass ich nicht bemerkte, dass sie sich irgendwann gar nicht mehr neben mir befand, sondern unbemerkt das Weite gesucht hatte. Traurig war ich aber nicht darüber, als ich es nach einer Ewigkeit dann doch endlich wahrnahm.

Pech gehabt, Mädel!, folgerte trotzig mein besoffener Schädel. Selber schuld. Hättest was Nettes erleben können!

Mein Selbstvertrauen gegenüber dem anderen Geschlecht – ich war gerade siebzehn geworden – war immens.

Das schaffte eine Handvoll erotischer Erfahrungen, die ich in den letzten Monaten sammeln durfte, vorwiegend nach Partys oder Discobesuchen, mit Sexpartnerinnen, die sich manchmal in mich verliebten, doch die ich in meiner neu gewonnenen Arschlochmanier nach einer oder zwei Nächten eiskalt abblitzen ließ.

So machte es mir also in der Tat nichts aus, dass ich heute Nacht allein den Heimweg antreten musste (ich hätte vermutlich eh nichts zustande gebracht), abgesehen davon, dass ich kaum noch einen geraden Schritt vor den anderen setzen konnte.

Zudem wusste ich nicht, wo mein Fahrrad war. Zwar konnte ich mich noch dunkel daran erinnern, zusammen mit ihm hierhergekommen zu sein, doch die Gehirnzelle, in der gespeichert gewesen war, wo ich es abgestellt hatte, war wohl inzwischen abgestorben. Also suchte ich erst gar nicht danach, sondern machte mich gleich zu Fuß auf den Rückweg, auf dem Bürgersteig der endlosen Landstraße mich eher seitlich als geradeaus fortbewegend, drei Kilometer unbeleuchtete Strecke vor mir, verflucht, das sollte doch irgendwie zu schaffen sein.

Doch hatte ich nicht den leisesten Schimmer, dass dies die

letzten Meter sein sollten, die ich ohne parteipolitische Überzeugung hinter mich bringen würde.

Ich hatte nicht wirklich viel Land gewonnen – die Bässe und Stimmen waren noch nicht verklungen –, da meldete sich die Notdurft: Ich musste pinkeln, und zwar dringend.

Eigentlich hatte es mir schon während meines »Flirts« mit Cornelia diesbezüglich in der Hose gejuckt. Aber aus Angst, sie könnte weglaufen, wenn ich mal kurz um die Ecke biegen würde, hatte ich es mir verkniffen. Nun, sie war trotzdem weggelaufen, und verkneifen brauchte ich mir jetzt nichts mehr.

Neben dem Bürgersteig, auf dem ich entlangwankte, erstreckte sich ein Maisfeld, das durch einen kleinen Graben vom gepflasterten Weg getrennt war.

Ich stellte mich, so gut es ging (meine Füße hielten die Position nur äußerst widerwillig), an den Graben und beschäftigte mich mit meinem Hosenstall.

Nach gefühlten Stunden hatte ich ihn geöffnet und einen halbwegs sicheren Stand. Ich legte los. Erlöst nahm ich wahr, wie der Druck aus meinem Unterleib wich. Aber was war das?

Mein Strahl landete nicht im weichen Gras oder Sand, wie ich es erwartet hatte, sondern auf irgendetwas Hartem, Schepperndem, und spritzte gleich wieder hoch.

Für einen Moment brach ich ab, versuchte, mit aufgerissenen Augen zu erkennen, was genau ich denn da angepinkelt hatte. Vergebens.

Es war zu dunkel, meine Sehkraft durch den Alkohol beeinträchtigt, und im Grunde konnte es mir ja auch egal sein, was da lag. Vermutlich ein abgebrochenes Verkehrsschild, die kaputte Motorhaube eines Traktors, die ein Bauer dort abgeworfen hatte, oder sonstiger Sperrmüll. Schwankend setzte ich meine Aktion also fort.

»Hey, du Arsch!«, vernahm ich plötzlich eine Stimme, die vom Maisfeld kam.

Ich erschrak. Ich hatte hier keine Menschen vermutet. Schon gar nicht im Feld!

Und mein Unterbewusstsein brauchte eine Weile, um mir ins Bewusstsein zu spülen, zu signalisieren, dass ich diese Stimme durchaus kannte. Aber Jahre nicht mehr gehört hatte.

Der Typ, zu dem sie gehörte, stürzte wie von einer Hornisse gestochen auf mich zu und katapultierte seine ausgestreckten Hände mit einer solchen Wucht gegen meine Brust, dass ich umgehend das Gleichgewicht verlor.

Ich taumelte, konnte mich aber wie durch ein Wunder gerade noch auf den Beinen halten. Mein Hosenlatz stand offen, doch zum Glück war ich mit dem Pinkeln rechtzeitig fertig geworden und hatte alles Notwendige verstaut.

Dann durchzuckte mich ein Gedanke: Déjà-vu! Das Ganze ist ein Déjà-vu! Diese Stimme, diese Art von Schlag, das habe ich doch alles schon mal erlebt. Das kenne ich aus meiner Grundschulzeit! Das Messer, die Unterführung!

Als ich durch die grellen Lichter eines vorbeifahrenden Autos erkennen konnte, dass der Kerl, der mich angegangen war, tatsächlich Schimanski war, aus den Untiefen der Hölle direkt vor mir aufgetaucht, musste ich unvermittelt kichern.

Denn natürlich hatte er wieder ein paar Boys dabei, die, ebenfalls aus dem Maisfeld kommend, aufgeregt hinter ihm herjapsten.

»Du hast mein Moped angepisst, Alter! Ich fass es nicht!«, schrie er. Seine Stimme klang dem Anlass entsprechend fassungslos. »Das hab ich letzte Woche erst lackiert! Ist dir klar, was das gekostet hat?«

Offensichtlich hatte er mich noch nicht erkannt. Doch das änderte sich, als er prüfen wollte, mit welchem Idioten er es denn zu tun hatte. Und sich meinem Gesicht näherte.

»Alles klar!«, rief er überrascht. »Der Türke ist das! Der Türke mit dem Wegezoll! Lange nicht gesehen, was?«

Selbstverständlich waren wir uns im Lauf der Jahre öfter begegnet, unser Dörfchen war ja schließlich nicht so groß. Doch zum Glück war er immer allein gewesen, wenn ich an ihm vorbeigefahren war, und weder er noch ich hatten Interesse gehabt, uns diese unselige Geschichte mit Erdal gegenseitig noch einmal ins Gedächtnis zu rufen. Er wusste, warum – und ich ebenfalls.

Aber nun war er zur Abwechslung mal nicht allein. Er hatte Kumpels bei sich, genau wie in der Unterführung damals.

Zwar kam mir niemand von seinen Leuten bekannt vor (es waren drei, soweit es mein Zustand zuließ, sie zu zählen), die plötzlich alle um mich herumstanden und mich begafften, als hätte ich Freibier zu vergeben. Sie schienen aber aus ähnlichem Holz geschnitzt zu sein wie seine ehemaligen Skateboard-Freunde.

Ich wusste von meinem Bruder, dass Schimanski mehrmals Ausbildungen abgebrochen hatte, eine als Maler und Lackierer, eine andere als Dachdecker. Nun hing er arbeitslos in Hude herum. Oder in irgendwelchen Maisfeldern.

»Binkein Türke«, murmelte ich. »Hassu wohl immanochnich begriffen …«

»Scheißegal«, lachte er, und sein Schnurrbart zog sich in die Länge. Er roch nach süßlichem Rauch. Ich konnte mir vorstellen, dass ich die Jungs im Maisfeld beim Genuss von ein paar netten, verbotenen Substanzen unterbrochen haben mochte. »Aber du siehst aus wie einer. Sogar mehr als damals – das muss doch 'n Grund haben! Und du benimmst dich wie einer.«

Nun schrie er wieder: »Wie ein dreckiger Scheißtürke! Nur Türken pinkeln auf Mopeds!«

»Tschulligung«, murmelte ich.

»Das reicht nicht!«, brüllte er. »Meinst du, mir reicht so 'ne billige Entschuldigung?«

Er griff mir in den Nacken.

»Das leckst du alles auf! Jeden Scheißtropfen! Ist das klar? Runter!«

Er presste seine Finger in mein Nackenfleisch und drückte mich in Richtung Boden.

»Runter mit dir!«

Doch ich war nicht mehr der kleine Junge, den man nach Belieben drücken und schubsen konnte. Ich hatte Kraft bekommen, nicht zuletzt durch mein tägliches Tennistraining, mittlerweile war ich auch körperlich zu einem Kerl gediehen. Mit einer geschickten Drehung entwand ich mich seinem Griff.

»Nein!«, rief ich und wankte ein paar Meter nach hinten. »Lecksdochselberauf!«

»Was?«

»Bissu taub?«, lallte ich. »Chab gesagt: LECKSSELBERAUF!«

Ich weiß nicht, woher ich diesen Mut nahm – vermutlich durch den Alkohol oder mein neu gewonnenes Macho-Image.

Immerhin waren die Jungs zu viert, augenscheinlich in aggressiver Laune, es war dunkel, kein Mensch in der Nähe, der mir hätte beistehen können – und letztlich war ich es ja auch gewesen, der die Scheiße gebaut hatte. Oder besser gesagt: die Pisse, um das Bild zu konkretisieren.

Plötzlich packte einer der Typen meinen rechten Arm, wirbelte ihn, bevor ich überhaupt realisieren konnte, was da geschah, auf meinen Rücken und schraubte ihn so brutal in Richtung Nacken, dass ich mich, ob ich wollte oder nicht, bücken musste und brüllend vor Schmerzen auf meine Knie stürzte.

Von einem Moment auf den anderen war ich umringt von Händen, Armen und Beinen, sie rissen, zerrten, drückten und fummelten an mir herum, an Haaren, Nacken und Armen, obwohl das gar nicht notwendig gewesen wäre. Der geschickte Griff des Ersten hatte mich bereits ausgeknockt. Ich konnte mich nicht mehr wehren. Nur hin und wieder aufschreien, wenn der Kerl hinter mir von Neuem auf die Idee kam, meinen Arm ein weiteres Stückchen nach oben zu schrauben.

»Jetzt leck!«, kreischte Schimanski. »Leck! Du dämlicher Ziegenficker! Ich will dich lecken sehen, Türke!«

Dann sah ich das Licht. Es strahlte alles weg. Die Panik, die Todesangst, die mich überkommen hatte, denn ich wusste ja nicht, wie weit diese Typen mit mir gehen würden.

Das Erste, was mich dieses Licht erblicken ließ, war die bespritzte Motorhaube des angepinkelten Motorrads, über der ich in meiner unbequemen Zwangshaltung kauerte, kurz davor, Schimanski seinen bescheidenen Wunsch zu erfüllen. Denn: Was blieb mir anderes übrig?

Doch das Licht, das grell vor mir aufleuchtete und das sich geradewegs auf mich zubewegte, es änderte alles!

»Was schreit ihr hier so?«, rief eine Stimme, die offensichtlich zum Licht dazugehörte.

Sie drang vom Radweg zu mir herüber, und erst jetzt, nachdem der Brutalo seinen Griff an meinem Arm prompt gelockert hatte und ich meinen Kopf endlich wieder zur Seite drehen konnte, entdeckte ich, dass das Licht ein Fahrrad war, was sich unserem Tumult genähert hatte.

Auch diese Stimme kam mir bekannt vor, doch zum Glück dauerte es nicht ansatzweise so lange wie im Fall von Schimanski, bis ich wusste, um wen es sich handelte.

Meine Trunkenheit war ohnehin schon seit geraumer Zeit verflogen, und mir war klar, dass ich nun höchst geistesgegenwärtig sein musste.

»Tilmann«, krächzte ich also. »Tilmann! Ich bin hier! Hier unten!«

Tilmann kannte ich aus dem Zug. Er war ein Fahrschüler wie ich, zwar ein paar Jahre länger dabei (er machte gerade Abitur am Landkreisgymnasium), gehörte also schon zu den »Großen«, doch hatten wir uns bereits einige Male angeregt während der Fahrt unterhalten – vor allem über Politik.

Tilmann war der Sohn des CDU-Landtagsabgeordneten unseres Landkreises und wandelte selbst schon seit frühester Jugend auf dessen Pfaden.

Mit vierzehn gründete er in Hude den Gemeindeverband der Jungen Union und war mit seinen neunzehn dementsprechend dessen unangefochtener Vorsitzender – stand aber zeitgleich dem Kreis- und Bezirksverband ebenfalls vor, saß zudem im Huder Gemeinderat und galt sogar innerhalb der niedersächsischen CDU als großes Talent.

Und das, obwohl er sich äußeren Standards der Partei strikt verweigerte: Er trug nie Schlips und Anzug, sondern selbst auf Parteitagen oder bei offiziellen Anlässen Strickpulli, Cordhose und Birkenstockschuhe wie einer von den Grünen (ich sah das dann auf Fotos in der Lokalpresse und musste oft genug darüber schmunzeln).

Er hatte auch keinesfalls vor, Jura oder BWL zu studieren, wie die meisten seiner ehrgeizigen Parteikollegen, sondern wollte Koch werden, und das als Vegetarier, was zur damaligen Zeit in konservativen Kreisen noch ungewöhnlicher war, als Birkenstock zu tragen.

Er verehrte Brecht, Heine und sogar Marx, obwohl er dessen Wirtschaftstheorie für nicht umsetzbar hielt. Trotz dessen war er ein glühender Anhänger Kohls und der Wiedervereinigung, die in jenem Sommer 1990 gerade beschlossen worden war.

Ich selber ordnete mich – wenn überhaupt – dem linken Spektrum zu, betrachtete den »Ausverkauf der DDR« als »Siegespose eines menschenfeindlichen Kapitalismus« und plädierte eher für eine »reformierte, weltoffene DDR« als für ein »überhitztes Protektorat an unser westdeutsches System«.

Nichtsdestotrotz faszinierte mich Tilmann. Nach einer Bahnfahrt mit ihm fühlte ich mich intellektuell immer herausgefordert, bereichert, musste lange über seine Thesen nachdenken.

Er wirkte ehrlich, gleichsam neugierig, belesen, charismatisch – und nie verbohrt. Oft erlebte ich, dass das, was ich da in meinem Halbwissen von mir gab, Grübeln in ihm auslöste und er unsere Diskussion bei Einfahrt des Zuges mit den Worten abschloss: »Vielleicht hast du ja recht. Ich sag dir morgen was dazu.« Und dies dann tatsächlich auch tat.

Doch was mich in jenem, ziemlich eingezwängten Moment an der unbeleuchteten Landstraße, über das angepisste Moped gestreckt, von vier wild gewordenen Drogenkonsumenten umlagert, vor allem an Tilmann interessierte, war: Er radelte just zur richtigen Zeit geradewegs zum richtigen Ort.

»Mathias?«, erkundigte er sich zaghaft.

Zeitgleich verschwand das Licht, das flackernde Licht meiner Hoffnung, da ich vernahm, dass er vom Rad gestiegen war und den Dynamo nicht mehr betätigte.

»Bist du das da unten, Mathias?«

Ich war überrascht, dass er mich so schnell erkannt hatte. Mittlerweile musste ich ziemlich verdreckt sein, und meine vier neuen Freunde schirmten mich dazu auch noch ordentlich ab.

»Ja, Tilmann, ich bin das! Rette mich!«, stöhnte ich und kam mir dabei vor wie ein Ertrinkender im Ozean, der nach Stunden das erste Schiff entdeckte.

Und Tilmann, durch seine politische Arbeit auf Konfrontation getrimmt, begriff umgehend, was los war.

»Sagt mal, seid ihr übergeschnappt?«, rief er. »Der Mathias ist doch nicht freiwillig hier!«

»Na klar ist er das, Herr Politiker«, erklärte Schimanski.

Wow, dachte ich. Selbst einer wie Schimanski wusste, mit wem er es zu tun hatte.

»Der hat ein bisschen zu viel getrunken, und wir kümmern uns um ihn ...«

»Glaub ihnen kein Wort!«, krächzte ich von unten, doch das tat er sowieso nicht.

»Wenn ihr nicht SOFORT die Finger von Mathias lasst, dann ruf ich die Polizei!«

»Nur mit der Ruhe, Herr Bundeskanzler!«, versuchte Schimanski es in ruhigem Ton. »Der Typ hier hat mein Moped angepinkelt. Einfach so. Darf der das etwa?«

Mittlerweile hatten sich meine Augen an die Dunkelheit gewöhnt, und so konnte ich erkennen, dass sich Tilmann dicht vor ihm aufbaute.

Er war mindestens einen Kopf kleiner als Schimanski, schmächtig, um nicht zu sagen dürr (im Gegensatz zu seinem bärigen Gegenüber), ein kleines, eingefallenes Männchen mit bereits schütterem Haar, Nickelbrille und Strickpullover. Aber sein Selbstbewusstsein musste wohl gerade explodieren.

»Warum lässt du denn dein Moped hier mitten auf dem Bürgersteig liegen?«, zischte er Schimanski an. »Hier fährt alle naselang ein Streifenwagen vorbei. Ich glaube, der könnte sich dafür interessieren, was ihr in dem Maisfeld da so treibt!«

Mir fiel die Kinnlade herunter, als ich Zeuge davon war, wie Schimanski in Tilmanns Gegenwart schlagartig die Argumente auszugehen schienen und seine eben noch so aufgepumpte Aura der Stärke sich plötzlich immer mehr ausdünnte.

Er stammelte noch etwas von »Was soll das?«, »Geht dich gar nix an«, »Lass uns doch in Ruhe«, bis er sich mit einem kleinlauten »Is ja gut, wir hauen schon ab« endgültig Tilmanns zwingendem Blick entzog.

Das färbte auch auf seine Mitstreiter ab, die – wie schon damals die Skateboard-Freunde – vermutlich eh nicht viel zu melden hatten. Sie grummelten, brummten und giggelten noch ein wenig vor sich hin, dann setzten sich ihre Mopeds in Gang (auch das angepinkelte von Schimanski), die teilweise im Feld, teilweise im Graben gestanden und gelegen hatten. Die sirrenden Klänge ihrer Motoren erfüllten für die nächsten Augenblicke die Nacht, und zusammen mit einer gehörigen Brise beißenden Auspuffgestanks waren sie dann plötzlich auf der Landstraße verschwunden. Wie niemals da gewesen.

Auf einmal herrschte Stille, auch in meinem Schädel, und sogar das Zirpen der Grillen konnte ich nun wahrnehmen, die im Maisfeld eifrig musizierten.

Ich rappelte mich mühsam hoch und strich mir den Schmutz von den Klamotten. Zwar wankte ich immer noch etwas benommen hin und her, doch weniger durch die zahllosen Jim Beam mit Cola als vielmehr durch das, was ich da gerade heil überstanden hatte.

»Hast du kein Fahrrad?«, fragte Tilmann. »Du hast doch sonst immer eins!«

»Ich kann's nicht finden!«, beteuerte ich. »Es muss irgendwo noch auf dem Fest sein.«

Tilmann lachte.

»Dich muss man in Zukunft wohl an die Leine nehmen, was?«

Er klopfte mir auf die Schulter, die immer noch schmerzte.

»Tja, wenn ich ein Auto hätte, könnte ich dich jetzt einfach auf den Beifahrersitz packen, aber sieh es mal positiv: Mit einem Auto wär ich hier vermutlich vorbeigefahren.«

Er grinste.

»Aber mein Rad hat ja auch einen Beifahrersitz. Und der ist ganz schön stabil!«

Tilmann lieferte mich in dieser Nacht zu Hause ab, mit matschigem Hirn und wundgesessenem Hintern, den ich mir während der drei Kilometer Kamikazetour auf seinem Gepäckträger zugezogen hatte.

Ich dankte es ihm, indem ich bei der nächsten Sitzung seiner Jungen Union im Hinterzimmer der Huder Bahnhofskneipe erschien.

Wider Erwarten wurde ich warm mit den kommunalpolitischen Ansichten der Gruppe und nicht zuletzt auch mit den Leuten.

Das waren keine intellektuellen Laberköpfe, wie ich sie bei den Jungsozialisten oder den »Falken« bei ähnlichen Besuchen vorgefunden hatte, sondern junge Anpacker. Es ging um Praktisches, und das in unserem Örtchen: das Umfunktionieren unbrauchbar gewordener Plakatwände zu öffentlichen Tischtennisplatten etwa (um Leute wie Schimanski vom Blödsinn abzuhalten) oder das Einrichten eines Discobusses in Gegenden, die speziell in den Wochenendnächten von öffentlichen Verkehrsmitteln abgeschnitten waren (um ebenfalls Leute wie Schimanski vom Blödsinn abzuhalten) – alles in allem also Errungenschaften Jugendlicher für Jugendliche, und ganz konkret für die bei uns auf dem Land.

Das Parteibuch der CDU war dabei mehr als uninteressant, es wurde auch nie zitiert – für uns fungierte die Partei eigentlich nur als Geldgeber.

Mein Herz schlug zwar immer noch »links«. Aber die kommenden Jahre setzte ich mich verstärkt für den Gemeindeverband der Jungen Union ein, wurde Geschäftsführer und später Pressesprecher.

Was wohl ohne Tilmanns Rettungsaktion nach dem Schützenfest niemals passiert wäre.

Umso mehr verblüffte es mich, als ich viele Jahre später durch einen zufälligen Blick ins »Abendblatt« während einer Bahnfahrt erfuhr, dass derselbe Tilmann mittlerweile in die Hamburger Bürgerschaft eingezogen war – als Abgeordneter der AfD.

# Otthusen und die »Brother Deluxe«

Zwei meiner Traumberufswünsche hatte ich in den Wind geschossen, mehr oder weniger freiwillig. Zum Tennisprofi war ich nicht nur zu alt, sondern auch zu schlecht (zudem mittlerweile längst nicht mehr diszipliniert genug), und zum katholischen Priester viel zu sehr Schürzenjäger.

Es musste also dringend etwas neues Verrücktes her, was ich anpeilen konnte – denn langsam wurde es Zeit, ich stand vor dem Abitur.

Mein kurzer, heftiger Liebeskummer nach der Trennung von Agnesch hatte mich zum Schreiben gebracht.

Wenn ich nicht gerade in der Schule oder auf Partys herumhing (mein Tennistraining absolvierte ich nur noch sporadisch), nutzte ich die Fügung des Schicksals, in unserem Keller eine alte »Brother Deluxe«-Schreibmaschine aus den Fünfzigern aufgestöbert zu haben, auf der ich eines Nachts einfach mal zu hämmern begann. Ohne Ziel, ohne die Absicht, etwas Lesenswertes, geschweige denn Literarisches, zustande zu kriegen, sondern mit dem einzigen Wunsch, Dinge, die sich in mir breitgemacht hatten, die mich beschäftigten, in irgendeiner Form loszuwerden – und sei es auch nur durch das Malträtieren der schweren Tasten (was allein schon Aggressionsabbau bedeutete).

Seltsamerweise entwickelten sich die Wörter, die Gedanken, die Sätze, die ich auf dem hinter die Walze geklemmten Papierbogen festhielt, immer mehr zu Figuren, zu Geschichten. Ich schrieb. Seitenweise, blöckeweise, immer mehr, immer länger, es wurde zur Sucht.

Irgendwann begann ich jede freie Minute zu nutzen, eilte von der Schule nach Hause, um in die Tastatur zu schlagen, und war von jenem Moment an nicht mehr von der Maschine wegzukriegen. Morgens war das Erste, was ich tat: Schreiben. Nachts das Letzte: Schreiben.

Ich schrieb wahllos: Die Genres konnte ich zwar benennen, aber sie waren mir im Grunde egal – es waren lediglich Abwandlungen ein und desselben Themas, das sich in Liedtexten, kleinen Romanen, Theaterstücken, Erzählungen, Kurzgeschichten, Dutzenden von Gedichten und sogar einem Opernlibretto niederschlug.

Ich zeigte diese Sachen niemandem, das wäre mir wie Verrat vorgekommen. Verrat an mir selber und Verrat an meinen Geschichten, die doch einem Winkel meines Ichs entsprangen, den ich sorgsam vor allen anderen hütete. Sie jemandem zum Lesen zu geben hätte bedeutet, sie zu entzaubern, sie ihrer Seele zu berauben.

Ich schrieb ausschließlich für mich selber, nur so konnte ich alles herauslassen, konnte schonungslos sein, mir und den Leuten gegenüber, die in diesen Storys und in meinem Leben auftauchten. Denn ich trennte nicht, wollte nicht trennen zwischen Erdachtem und Realität, schließlich ging es um mich, meine Weltsicht, mein Leben und, wie ich zukünftig damit umgehen konnte.

Allein der Gedanke, jemand aus meinem Alltag – Freunde, Verwandte, Schulkameraden – könnte sich in diesen Geschichten wiederfinden, hätte mich beim Schreiben manipuliert, und ich wäre nicht mehr so offen, so radikal, so ehrlich gewesen.

Eine Ausnahme machte ich. Allerdings inkognito. Mittlerweile ging ich in die zwölfte Klasse, besuchte den Leistungskurs Deutsch, und Herr Otthusen, der jenen Kurs leitete, plante die Einführung einer sogenannten »Lyrikstunde« – wohl animiert durch den herrlichen Spielfilm »Club der toten Dichter« mit

Robin Williams, der damals Schüler wie Lehrer in neuem, fast schon revolutionärem Kontext für Lyrik schwärmen ließ: eine ganze Schulstunde pro Woche im Zeichen der Dichtung, gestaltet von Schülern, ohne Bewertung, einzig erstrebenswert war die Diskussion, der Austausch, der sich anhand der individuell ausgewählten Gedichte ergeben sollte!

»Ich schwöre Ihnen, das bringt Sie sich selber näher«, dozierte Herr Otthusen und bekam glänzende Augen dabei. »Ich möchte, dass sich jeder von Ihnen ein Gedicht aussucht, es binnen einer Stunde vorträgt, eine Interpretation anfertigt und etwas über den Dichter erzählt. Ich kann Ihnen garantieren, was Ihnen auf der Suche nach dem geeigneten Werk widerfahren wird: Sie werden Dinge über sich selbst erfahren, über die Welt erfahren, über das menschliche Zusammenleben, was Sie erschaudern, was Sie staunen, was Sie aufleben lässt!«

Die Mehrzahl der Kursteilnehmer starrte ihn verständnislos an. Die Gesichter verrieten: Scheiße, das klingt nach Mehrarbeit – und das ohne Noten!

Ich dagegen hing an seinen Lippen. Denn genau das, was er da beschrieb, erfuhr ich doch auch gerade bei mir zu Hause, wenn ich bis tief in die Nacht hinein auf meiner Schreibmaschine herumhämmerte!

Ich witterte meine Chance, denn nach vielen Monaten einsamer Wortklauberei im stillen Kämmerlein bekam ich nun doch allmählich Lust, einen Teil meiner Texte auf ihre Wirksamkeit hin zu überprüfen – Verrat hin oder her.

Doch bereits sein nächster Satz war ein Dämpfer: »Kommen Sie aber bitte nicht auf die Idee, eigene Werke zum Besten geben zu wollen, ich weiß doch, dass man so was in Ihrem Alter gerne macht. Ohne Ihnen allen zu nahe treten zu wollen: Einen gewissen literarischen Wert sollte die von Ihnen ausgewählte Lyrik nämlich schon besitzen!«

Hmm. Keine eigenen Werke. Wie blöd.

Aber nach näherem Überlegen zeigte sich, dass es einen Weg gab – und dieser Weg erwies sich sogar als geeigneter, als besser, als meine Gedichte pur, quasi schutzlos vorzutragen, und dann auch noch vor versammeltem Deutschkurs. Je länger ich darüber nachdachte, desto genialer erschien mir dieser Weg, denn er versprach einen Sprung in laues und nicht in kaltes Wasser: Ich würde einfach einen Dichter erfinden, der ich selber war! Der stellvertretend für mich mein eigenes Gedicht vertrat.

Ich würde ihm eine Biografie verpassen und meinem Werk eine Interpretation, die jeden Literaturwissenschaftler vor Neid erblassen lassen würde. Und meinen Deutschlehrer, Herrn Otthusen, noch dazu!

Mein gefeierter (aber natürlich erfundener) Schriftsteller hieß Omar Ali Ben Salem, stammte aus dem Iran, aus Isfahan, wo er vor dem Ajatollah-Regime geflohen war und seitdem in Florida residierte.

Das Gedicht von Omar Ali Ben Salem, das ich in unserer Lyrikstunde vortragen wollte, hieß »Diese beschissene Fremdheit in meiner Seele« – und handelte auch von dieser.

Aber auch vom Sex, der zwei Menschen einander näherbringt, doch der die Fremdheit, die man zu sich und zum anderen verspürt, nicht auflösen kann.

Von der Suche nach sich selber, auf Basaren, in Kirchen, in den Bergen, auf verschiedenen Kontinenten, nach einem Ort, »wo man verdammt nochmal hingehört«. Und das Gedicht endete mit den Fragen: »Wo bist du? Und wenn ich dich finde: Werde ich mich finden? Wer bist du? Und wo in mir hast du dich versteckt?«

Ich war inzwischen so dermaßen heiß darauf, dieses Gedicht, welches ich bei Weitem für das schönste Gedicht hielt, das ich jemals verfasst hatte, endlich einmal öffentlich zu machen, dass ich mich von Herrn Otthusen bereits für den allerersten »Lyrikstunden«-Termin hatte eintragen lassen.

Als es so weit war, trat ich mit einem Packen Zettel bewaffnet hinter das Lehrerpult und begann nach meiner sorgsam ausgedachten Biografie über den preisgekrönten Lyriker Omar Ali Ben Salem (zum Glück gab es damals kein Internet, wo man meine Daten hätte überprüfen können), begleitet von gelegentlichen Kicheranfällen (vermutlich aus Scham oder Verlegenheit), mein Werk von mir zu geben.

Abschließend las ich meine mehrseitige Interpretation vor (»Der Dichter verarbeitet seine verlorene Heimat, seine Suche nach Identität in einem ihm fremden Land« und so weiter), senkte meinen Blätterbogen und erntete: Schweigen.

Yes!, jubilierte ich innerlich. Das Gedicht hatte eingeschlagen! Es hatte die Leute berührt, getroffen, was weiß ich! Sie waren sprachlos – und dachten über ihre eigene Fremdheit nach. Oder?

Herr Otthusen, der sich in Abwesenheit von mir auf meinen Platz gesetzt hatte, ergriff das Wort. Er hüstelte. Dann senkte er seine Stimme, ich bekam mit, dass er die folgenden Worte sorgsam wählte.

»Mathias«, sagte er. »Mathias ... Sie sind ... ein Vortragstalent. Sollten Sie ...« Er räusperte sich. »Sollten Sie mal was draus machen!«

Zonk. Mit einem Schlag war meine Laune dahin. Das war es nicht, was ich hören wollte! Zumindest nicht als Fazit, als Summe dessen, was ich in diesen Text hineingelegt hatte, was er mir bedeutete.

»Und mein Gedicht?«, ploppte es aus meinem Mund. »Was halten Sie von meinem Gedicht?«

Herr Otthusen lachte. »IHR Gedicht? Sie meinen, das von diesem Herrn Ben Salem, von dem ich übrigens noch nie etwas gehört habe. Naja. Ich hoffe nicht, dass der Mann von seinem Gekritzel leben muss. Das Ganze wirkt – nehmen Sie meinen Ausdruck jetzt bitte nicht persönlich, schließlich werden Sie einen Grund haben, dieses Werk ausgesucht zu haben – dann doch etwas arg pubertär und unausgereift. Oder sagen wir besser: Primitiv.«

Er nickte versonnen, sich selber zustimmend.

»Ja, primitiv trifft es am ehesten.«

Pubertär, unausgereift, primitiv. Und: Gekritzel! Meine Lyrik! Wow. Das saß.

Eigentlich hatte ich vor, den Kurs und Herrn Otthusen am Ende der Stunde aufzuklären. Dass ich es war, der hinter diesem grandiosen, diesem geheimnisvollen Omar Ali Ben Salem steckte.

Allerdings hatte ich erwartet, dass ich (oder besser gesagt: Omar Ali Ben Salem) eine Menge Lorbeeren einheimsen würde!

Und zwar nicht für einen bekloppten Vortrag, auf den ich einen Scheißdreck gab und der doch nur als Mittel zum Zweck gedient hatte (von mir aus hätte Herr Otthusen selber oder ein Mitschüler meine Texte vortragen können), sondern selbstverständlich für die literarische Qualität meines Gedichtes, das diese Lorbeeren ja nun auch wahrlich verdiente!

Doch das sahen augenscheinlich andere anders, die Begeisterung darüber hielt sich jedenfalls in Grenzen.

Auch bei den Kurskameraden: »Reimt sich ja gar nicht«, musste ich mir da von Anke anhören.

Oder von Heiner: »Otto Waalkes schreibt bessere Gedichte.«

Verbittert biss ich mir auf die Zunge und entschloss mich, als Konsequenz von diesem »Wahnsinnserfolg« dann doch lieber inkognito zu bleiben – damit war ich auf der sicheren Seite, denn offiziell hatte ich mit diesem »Gekritzel« ja nichts anderes zu tun, als es bloß ausgesucht zu haben.

Jene »Lyrikstunde« hatte allerdings Folgen: Erschüttert durch den brutalen Knock-out meines Egos verdünnisierte sich meine Schreibwut mehr und mehr, und fortan begann die alte »Brother

Deluxe«, in einer Ecke meines Zimmers Staub anzusetzen, wie sie es zuvor Jahrzehnte lang in unserem Keller getan hatte.

Auch wenn Herr Otthusen mich nicht als großen Dichter erkannt hatte, war er immerhin in anderer Hinsicht auf mich aufmerksam geworden: Nach dem Unterricht fing er mich des Öfteren ab, um mich zu fragen, ob ich nicht Lust hätte, bei Aufführungen des Schülerorchesters, bei Schulgottesdiensten oder sonstigen offiziellen Feierlichkeiten (die es bei uns fast jede Woche gab) Gedichte zu REZITIEREN – selbstverständlich nicht meine eigenen, sondern die von Kästner, Hölderlin, Goethe, Rilke oder Heine.

Zunächst dachte ich, er würde sich über mich lustig machen. Vielleicht ahnte er ja, dass ich ihn mit meinem gefakten Auftritt zum Besten hatte halten wollen, und versuchte, mich nun nachträglich dafür zu bestrafen. Aber nach anfänglicher Skepsis willigte ich ein – und ließ mir die Gedichte von ihm aushändigen.

Ich las sie mir zu Hause mehrmals durch, zunächst leise, anschließend laut, lernte sie auswendig, probierte mal zu flüstern, mal zu schreien, es mal pathetisch, mal in mich versunken, versuchte hier und da ein Wort besonders zu betonen, ein anderes fallen zu lassen.

Und machte bei den Aufführungen eine eigenartige Erfahrung: Ich merkte, dass mir die Auftritte vor Publikum, die strahlenden, lachenden und ergriffenen Gesichter, wenn ich diese Texte von mir gab, seltsamerweise immer mehr gefielen.

Längst giggelte ich nicht mehr verlegen, wenn ich eine Bühne betrat und zu sprechen begann – ich fühlte mich von Mal zu Mal sicherer, freier, genoss es, dass mir die gesamte Schülerschaft, Eltern, Lehrer und was weiß ich, wer noch alles, an den Lippen hingen. Zumindest hatte ich den Eindruck, dass sie es taten, und nur darauf kam es mir an.

Doch plötzlich war es nicht nur Herr Otthusen, der meine Vortragskünste lobte, plötzlich waren es viele, sehr viele, und was das Kurioseste, vielleicht auch das Wichtigste daran war: Diejenigen, die mich noch ein paar Jahre zuvor in die Mülltonne geworfen und meine Hefte mit Joghurt beschmiert hatten, diejenigen waren auch mit dabei.

Tja, so schien es also mehr als folgerichtig, dass ich mich von nun an Schritt für Schritt in Richtung Schauspielerei bewegte – denn: Was hätte ich auch sonst machen sollen?

Ich war glücklich, wieder eine neue verrückte Idee gefunden zu haben, der ich meine ungeteilte Aufmerksamkeit widmen konnte. Und begann so langsam ebenfalls daran zu glauben, dass ich, wie es Herr Otthusen so schön formuliert hatte, »daraus mal etwas machen« sollte.

Direkt nach dem Abitur fing ich an, mich an Schauspielschulen zu bewerben.

Ich lernte ein paar klassische und moderne Rollenauszüge auswendig, aus Stücken, die ich in Reclam-Heften oder auf dem Grabbeltisch gefunden hatte, und machte mich auf den Weg zu Aufnahmeprüfungen – und das im gesamten deutschsprachigen Raum: zwischen Wien und Hamburg, zwischen München und Berlin. Schauspiel, das bedeutete für mich Selbstbestätigung und Applaus – ähnlich wie beim Tennis.

Dass es wiederum ein paar rassistische Idioten sein sollten, die mir klarmachten, was Schauspiel darüber hinaus auch noch bedeuten konnte, und mich damit um einiges näher an den Kern heranbrachten, hätte ich nie für möglich gehalten. Im Grunde sollte ich ihnen also dankbar sein.

# Eingemauert an der Ostsee

Am Himmel kein Wölkchen, die Sonne brannte auf das kleine Meeresstädtchen hinunter, die Wellen schwappten an die Mauern der Kais, und ich flanierte zusammen mit meinem Rucksack zwischen Fischrestaurants, Kuttern, Hausbooten und Eis schleckenden Touristen an der Uferpromenade entlang.

Es war ein traumhafter Frühsommertag, fünfundzwanzig Grad. Nachmittags war ich mit dem Zug aus Bremen hier eingetroffen und hatte nicht damit gerechnet, dass mich das Örtchen so umwerfen würde.

Ich liebte es – von der ersten Sekunde an. Ich liebte die süßen kleinen Cafés, die Segelboote, die Möwen, den Fischgeruch und den herrlichen Sandstrand, der sich nur ein paar Meter von der Promenade entfernt hinter einer Düne erhob.

Warnemünde. Was für eine Perle. Ich fühlte mich auf Anhieb heimisch.

Nun musste ich bloß noch die morgige Aufnahmeprüfung bestehen, an der Hochschule für Musik und Theater Rostock, wegen der ich in diesem Nachbarort aufgeschlagen war, weil ich in der Hansestadt keine billige Übernachtung mehr hatte buchen können. So hatte ich in der hiesigen Jugendherberge einen Platz in einem Sechsbettzimmer reserviert, welcher mein schmales Budget nicht allzu sehr belasten würde.

Bis spätestens 20 Uhr sollte ich in der Herberge eingecheckt haben, darauf hatte mich die Frau am Telefon mehrmals hingewiesen.

Ich blickte auf meine Armbanduhr und lächelte. Noch massig Zeit, den Tag, die Wärme, die Atmosphäre hier eine Weile zu genießen. Es war gerade erst sechs, und die Sonne knallte noch so wunderbar auf den Sandstrand, dass es eine Sünde gewesen wäre, diese Stunden, diese Momente am Meer einfach verstreichen zu lassen.

Ich streifte mir Schuhe und Socken von den Füßen, stapfte durch den körnigen, warmen Sand, der sanft zwischen meinen Zehen kitzelte, warf an einer menschenleeren Stelle meinen Rucksack von mir und fläzte mich in den weichen Boden.

Zufrieden prickelten die Strahlen der Sonne auf meinem Gesicht, ich blinzelte eine Weile in den lichtdurchfluteten Himmel und war bald darauf eingeschlafen.

Ich erwachte mit einem Ruck und einem unguten Gefühl. Vermutlich hatte ich schlecht geträumt, oder es lag an der Sonne, die schon langsam im Meer zu versinken drohte, die ersten Rottöne waren schon sichtbar.

Ich überlegte, wie spät es wohl sein mochte, warf erneut einen Blick auf die Armbanduhr und erschrak.

Scheiße. Kurz vor acht!

Sollte ich jetzt rennen, um noch pünktlich fürs Sechsbettzimmer einzuchecken? Sollte ich diese herrlich ruhige, faule Stimmung zerstören, indem ich jetzt auf einmal in Hektik verfiel? Hmm. Eine Alternative war, die Dose Bier, die ich mir vorsorglich am Bahnhofskiosk gekauft hatte, zu öffnen, diesen bombastischen Sonnenuntergang zu genießen, mich zurückzulehnen und irgendwann hier einzupennen.

Hier, direkt am Strand, mich von den Kostümen, die ich für die Rollen mitgenommen hatte, bedecken zu lassen, den Rucksack als Kopfkissen nutzend. Romantik pur! Freiheit pur!

So, haargenau so, stellte ich es mir nämlich vor, überlegte ich, mein zukünftiges Leben als Künstler, als Schauspieler! Nichts und niemandem verpflichtet, schlafen, wie und wo man will, und dorthin wandern, wo der Wind einen hintreibt.

Morgen um neun muss ich in Rostock sein, um vorzusprechen. Bis dahin gehöre ich mir. Gehört Warnemünde mir! Gehört der Strand mir!

Allein bei diesem Gedanken begann es, im Magen herzhaft zu kribbeln. Eine Nacht am Meer! Yeah! Es lebe der Hippie-Traum! Ich öffnete also mein Bier, gönnte mir den ersten großen Schluck, begleitete fasziniert mit meinem Blick die feuerrote Sonnenkugel, bis sie vollends hinterm Horizont verschwunden war und nur noch ein paar rosa Streifen zurückließ, stellte die Dose in den Sand und erhob mich.

Morgen habe ich drei Rollen vorzuspielen, dachte ich, in einem plötzlichen Anfall von Arbeitswut und schlechtem Gewissen – schließlich war ich ja nicht nur zum Vergnügen hier. Vielleicht gehe ich sie nochmal hintereinander durch, bevor es endgültig finster wird.

Ich entschloss mich, mit »Eingemauert« zu beginnen. Das Stück hatte ich kürzlich in einem Buch moderner Hörspiele entdeckt. Ich hatte mir die Rolle des Skinheads Klaus ausgewählt, der einen jungen Kurden umbringt.

Das Hörspiel war mir aufgefallen, weil es ein Thema behandelte, das in letzter Zeit durch die Medien gegeistert war: die Anschläge auf Asylbewerber (Hünxe, Solingen, Mölln, Hoyerswerda, Rostock-Lichtenhagen), die mich ziemlich beschäftigten.

Wer gegen diese stumpfsinnige Eskalation von Gewalt Flagge zeigen wollte, bildete Lichterketten, besuchte »Rock gegen Rechts«-Konzerte oder kaufte sich T-Shirts mit durchgestrichenen Hakenkreuzen.

Ich selber zeigte Flagge, indem ich diese Rolle erarbeitete (obwohl ich rein äußerlich nicht unbedingt dem typischen Skinhead entsprach) und sie in einer Stadt vorspielen würde, in der solche menschenverachtenden Übergriffe stattgefunden hatten.

Wenn ich aber ehrlich war, dann erhoffte ich mir durch diese kleine Provokation natürlich ganz profan auch eine bessere

Chance, einen der zehn Studienplätze zu ergattern, auf die sich immerhin tausend Anwärter bewarben.

»Eingemauert«, so hoffte ich, war als Stück so unbekannt, dass es für die leidgeprüfte Prüfungskommission endlich mal etwas anderes wäre, als ständig »Die neuen Leiden des jungen W.« oder »Romeo und Julia« in mehr oder weniger abwechslungsreichen Varianten vorgeleiert zu bekommen.

Ich war mir sicher, mit dieser Rolle einen Coup zu landen. Trotzdem – oder gerade deswegen – wollte ich »Klaus« an diesem traumhaften Strand, kurz vor der völligen Dunkelheit, noch einmal für mich durchgehen.

Der Text, die Abläufe, die ich mir selber in tagelanger Arbeit antrainiert hatte, saßen noch etwas unsicher, und da noch Zeit bis zum Schlafengehen war, doch der Strand bereits menschenleer, sodass sich niemand durch meine Selbstgespräche gestört fühlen oder mich für geisteskrank halten konnte, begann ich, mich vor meinem imaginären Opfer, dem jungen Kurden, aufzubauen.

Der Monolog, den ich mir ausgesucht hatte, spielte kurz vorm Mord: Klaus fuchtelt zusammen mit seinen Skinhead-Kumpels dem Kurden mit einer Pistole vor der Nase herum, schreit ihn an, was er hier zu suchen habe, bevor sich ein Schuss löst und der junge Kurde leblos zusammensackt.

»Geh zurück in dein Land!«, rief ich, erst zögerlich, dann lauter, da ich merkte, dass ich hier schreien konnte, so laut ich wollte, weil die Wellen, das Meeresrauschen ohnehin meine Worte verschluckten. »Wir brauchen dich hier nicht! Oder soll ich dir Beine machen?«

Ich zog meine imaginäre Pistole aus der Hosentasche, indem ich Zeigefinger und Daumen meiner rechten Hand abspreizte, bedrohte den Kurden damit und brüllte: »Soll ich das, he?«

»Was sollst du?«

Ich brach ab und fuhr umgehend herum. Da waren zwei Männer, die sich mir von Weitem näherten, zunächst nur als Schemen erkennbar, dann immer deutlicher. Zusammen mit einem Pitbull-Terrier, den der Kleinere der beiden an der Leine führte.

Und wie in einem schlechten, einem sehr schlechten Film (zunächst dachte ich, dass ich es mir einbildete, dass mir meine Fantasie einen Streich spielte) entdeckte ich, je näher sie auf mich zukamen: Beide waren kahlköpfig, wenn auch der Größere seine Glatze halbherzig mit der Kapuze seines Sweatshirts bedeckte. Beide trugen kniehohe, schwarze Springerstiefel, die ihrem Gang etwas beunruhigend Militärisches verliehen, während der Kleinere, um vollends dem Klischee zu genügen, in eine Tarnjacke gehüllt war, die er vermutlich in einem Army-Shop erstanden hatte.

Unvermittelt musste ich lachen, denn die Situation war absurd: Kaum war ich im gefürchteten Osten gelandet, wo der Hass auf Ausländer ungebremst zu toben schien, kaum war ich in der Nähe von Rostock, wo vor Kurzem noch Asylunterkünfte gebrannt hatten, waren die ersten Leute, die das Wort an mich richteten: Skinheads.

Echte, klassische Nazi-Skinheads, wie sie mir noch nie im richtigen Leben begegnet waren, aber wie ich sie im Fernsehen oder in Zeitungen schon oft gesehen hatte.

Noch dazu welche, die genau so, die haargenau so aussahen, wie ich mir meinen Klaus, den ich bis eben noch so unschuldig vor mich hin geprobt hatte, vorstellte!

Doch Klaus, das war Papier. Die hier waren echt. Quasi zum Anfassen. Obwohl ich so was vermutlich besser bleiben lassen sollte.

»Du hier nix machen Peng Peng!«, schrie der kleinere und deutlich dickere der beiden mit heiserer, kaputter Stimme, als käme er gerade aus dem Stadion von Hansa Rostock, und äffte dabei meine Pistolengeste nach.

Die Bohnenstange neben ihm wiederholte kichernd: »Nix Peng Peng!«

Die leise Hoffnung, die zwei und ihr Pitbull-Terrier hätten mich vielleicht gar nicht gemeint und würden unverrichteter Dinge an mir vorbeiwandern, verflüchtigte sich vollends.

Ich ließ die imaginäre Pistole sinken und starrte steif in ihre Richtung. Mein Herzschlag wummerte auf Hochtouren. Hektisch blickte ich mich um. Verdammt, ich war allein. Weit und breit kein Mensch – wenn man von den zwei finsteren Gesellen einmal absah.

Pat und Patachon, fuhr es mir durch den Kopf. Der kleine Dicke und die Bohnenstange! Nur möglicherweise nicht ganz so komisch.

»Was du hier machen Peng Peng Peng?«, schrie der Dicke zu mir herüber, als wäre ich zu blöd gewesen, bereits seine erste Äußerung zu verstehen.

Mittlerweile waren sie fünf, sechs Meter von mir entfernt. Der Hund kläffte. Ich antwortete nicht. Was sollte ich auch antworten? Ich wusste, dass der Typ die Grammatik absichtlich verfälschte. Er schien sich darin zu gefallen. So sprach man halt mit einem Ausländer. Und als solchen hatte er mich gewittert. Ich war stigmatisiert. Zumindest für die beiden. Scheiße, dachte ich und spürte, wie ein flaues Gefühl vom Magen aus hochstieg. Das Ganze entwickelte sich nicht gut. Ganz und gar nicht gut.

Die Bohnenstange, die jetzt den Hund an der Leine führte, hob ihren Zeigefinger links neben mich und krächzte: »Du nicht Schild hinter dir sehen? Strand verpachtet! Gehört uns!«

Ich blickte hinter mich. Links. Rechts. Es war nichts zu sehen außer ein paar Strandkörben. Und daran war nicht die einsetzende Dunkelheit schuld. Es gab einfach kein Schild. Schon gar nicht eins, auf dem von irgendwelchen »Verpachtungen« die Rede war.

Wieder entschloss ich mich, nichts zu sagen. Stattdessen tropfte mir das Wasser vom Gesicht, als hätte ich gerade erst im Meer gebadet.

Intuitiv hatte ich das Gefühl, ich müsste umgehend, auf der Stelle, mal ganz schnell von hier abzwitschern. Und beugte mich zu meinem Rucksack hinunter.

»Wohin du wollen so schnell?«, rief der kleine Dicke. »Du bleiben! Aber ganz flott bleiben!«

»Nein, nein!«, beteuerte ich und warf mir den Rucksack auf den Rücken. »Strand ist verpachtet! Muss weg hier!«

»Bleib hier, du Affe!«, brüllte der Kleine. Und aus dem Augenwinkel konnte ich sehen, dass er etwas aus der Jackentasche zog. Etwas Blinkendes. Etwa ein Messer?

»Hiergeblieben! Wir wollen nur mit dir reden!«

»Nein, nein!«, wiederholte ich kleinlaut, lachte verlegen, weil ich nicht wusste, wie ich damit umgehen sollte, dass der Typ jetzt vermutlich dieses Messer gezogen hatte.

Meine Füße peilten eine Düne an, die sich knapp fünfzig Schritte von mir entfernt erhob und die ansatzweise Sicherheit versprach. Ich nahm Fahrt auf, immer mehr, immer stärker, versuchte trotzdem, nicht zu laufen, auf keinen Fall zu laufen, denn das würde den Kerlen bloß Angst signalisieren – doch war es hirnrissig, zu glauben, sie hätten noch nicht bemerkt, dass ich welche hatte.

Alle zwei Schritte starrte ich panisch hinter mich, kontrollierte mit meinem Blick, dass die zwei und ihr Hund nicht ebenfalls schneller gingen oder gar zu laufen anfingen.

Bitte nicht, flehte ich in meinen Gedanken, bitte nicht hinter mir herrennen! Und dieser Pitbull-Terrier, der schon so bedrohlich bellte – den würden sie ja wohl nicht auf mich hetzen wollen?

Die Bohnenstange krächzte, ich verstand sie nicht. Das Meer, der Wind, das Gebell, all dies verhinderte es. Doch freundlich klang es nicht. Ich verschwand hinter der Düne, hastete ins nahe gelegene Gras, lief weiter, blickte längst nicht mehr hinter mich, hörte die Typen brüllen und fluchen, vergessen hatten sie mich wohl nicht.

Ich rannte weiter, war noch lange nicht in Sicherheit, fuhr mit meinem Kopf herum, als ich plötzlich einen Hund hinter mir herhechten spürte, doch es war nichts, es waren nur mein Atem, nur meine eigenen Schritte.

Ich raste wie ein Kurzstreckenläufer auf Ecstasy schnurstracks auf eine Ansammlung von Bäumen zu, in der Dunkelheit konnte ich erst spät entdecken, dass es sich um einen kleinen Park handelte. Mein Blick wanderte nach oben. Geschätzte hundert Meter hinter den Laubbäumen, zwischen die ich geflüchtet war, erhob sich dieser riesige, vielstöckige Kasten, den ich schon am Nachmittag betrachtet hatte und dessen leuchtende Aufschrift »Hotel Neptun« wie eine Krone über dem machtvollen Koloss thronte.

Vereinzelt drangen Lichter aus den unzähligen Fenstern. Hier fühlte ich mich wieder sicher, einigermaßen sicher, es waren genügend Bäume um mich, die mich verbargen – wenn auch diese Typen jederzeit vor mir auftauchen konnten.

Ich lehnte mich rücklings an einen Stamm, verschnaufte, war völlig außer Atem.

Mein Gott, was hatten mir diese Glatzköpfe für einen Schrecken eingejagt! Ich kannte diesen Gesichtsausdruck, ich kannte ihren Gang.

Die wollten nicht reden, resümierte ich, die wollten mich aufschlitzen, Scheiße nochmal! Die waren ein anderes, ein völlig anderes Kaliber als alle unangenehmen Typen, mit denen ich bisher Erfahrungen gesammelt hatte, zusammengenommen!

Ich ließ mich erschöpft auf eine nahe stehende Parkbank fallen, streifte den Rucksack ab und überlegte, was zu tun war. Zwischen den Bäumen hindurch blickte ich bis zum Strand, der jetzt vollkommen im Dunkeln lag.

Ich konnte beim besten Willen keinen Menschen sehen. Weder die Typen noch ihren Hund.

Aber hieß das, dass sie weg waren? Oder hatten sie sich versteckt, pirschten gerade an mich heran, tauchten jeden Augenblick hier auf, um mich von ihrem Köter zerfleischen zu lassen und mir zusätzlich ihre Springerstiefel in die Fresse zu treten? Was sollte ich tun?

Ich kramte mein Portemonnaie aus der Jeansjacke hervor und warf einen Blick hinein. Viel war da nicht. Für das Bett in der Jugendherberge hätte es gerade so gereicht.

Aber war mit dieser spärlichen Knete auch eine Nacht in diesem Hotelmonument »Neptun« drin, in das ich nun kurz davor war, zu marschieren und um Asyl zu betteln?

Ich schüttelte verzweifelt den Kopf. Ausgeschlossen. Ich konnte mir nicht vorstellen, dass meine zwanzig Mark da auch nur für die Besenkammer langen würden. Ich stöhnte auf. Was für eine beschissene Situation.

Plötzlich reckte ich meinen Rücken gerade.

Mathias, befahl ich mir. Mathias, reiß dich zusammen! Du hast dich dafür entschieden, draußen zu übernachten, also zieh es auch durch! Sei verdammt nochmal ein Mann!

Nur – ich blickte wieder ängstlich zum Strand – da unten war es unmöglich. Die würden mich vierteilen, wenn sie mich dort erwischten: auf IHREM Strand.

Aber war ich hier oben tatsächlich sicherer? Auf dieser Parkbank etwa?

Ich testete ihre Beschaffenheit, indem ich ein wenig hin und her ruckelte. Hart und stabil – für eine Nacht ließ es sich darauf schon aushalten. Immerhin besser als im Gestrüpp unter den Bäumen. Ich griff in den Rucksack, zog meine Kniebundhose und den Pullover heraus, die ich als Kostüm für die Vorsprechrollen eingepackt hatte, knüllte beides zusammen und funktionierte es als Kopfkissen um, auf das ich mich nun legte.

Anschließend überdeckte ich mich mit der gefütterten Jeansjacke und kuschelte mich hinein. Die Luft war frisch, alles in allem war mein Lager jedoch gar nicht mal so ungemütlich. Das sollte hinhauen. War ja bloß für eine Nacht.

Ich lag da, kerzengerade auf dem improvisierten Bett, wagte kaum, mich zu bewegen, was sich auf Dauer ziemlich verkrampft anfühlte, und betrachtete den funkelnden Sternenhimmel.

Nun war es doch ganz schön schnell dunkel geworden. Oder war die Zeit in meiner Panikattacke nur doppelt so schnell vergangen? Und wie windig es war! Die Baumwipfel über mir, die Äste und Blätter bewegten sich bedrohlich hin und her. Als planten sie, wenn ich endlich eingeschlafen sein würde, gnadenlos auf mich und meine Parkbank herabzustürzen.

Abrupt richtete ich mich auf. Hatte ich nicht Schritte gehört? Knacken von Zweigen und Ästen?

Ich hielt den Atem an, lauschte. Erst nach Sekunden begann ich wieder, Luft zu holen, und senkte den Kopf zurück auf mein Klamottenkissen. Da hatte ich mich wohl getäuscht. Fürs Erste.

Mein Herz pochte wild, ich spürte die Schläge durch die Jeansjacke hämmern.

Darf ich überhaupt schlafen?, überlegte ich. Was, wenn diese Typen mich im Schlaf überfallen, mir ihr Messer über die Rübe ziehen? War meine Angst begründet? Oder steigerte ich mich da in etwas hinein?

Der Mond leuchtete so monoton wie eine Stehlampe, die man vor dem Einschlafen vergessen hatte, auszuschalten, auf mein selbstgebautes Nestchen nieder, und plötzlich spürte ich eine unendliche Müdigkeit.

Vielleicht war es mein Körper, der mir gegen allen Protest meines Verstandes nach der langen Zugfahrt, der vielen Strandsonne, der Meerluft und den Strapazen meiner kleinen Flucht vehement befahl, mich endgültig in die schützenden Arme des Schlafes zu begeben.

Morgen ist ein anstrengender Tag, war mein letzter Gedanke, bevor sich die Augenlider von ganz allein schlossen und ich merkte, wie mein Herzschlag sich verlangsamte. Wie ein Zug, der auf voller Strecke nach und nach stehen blieb. Bald darauf war ich eingeschlafen.

# KAFFEE, DER NICHT SCHMECKT

Ich erwachte durch das gleichmäßige Knattern eines weit entfernten Rasenmähers, blinzelte und begriff, dass es schon einige Zeit lang hell sein musste.

Ich zog meinen Arm unter der Jeansjacke hervor und schaute auf die Armbanduhr. 6.50 Uhr. Eine gute Zeit, um Kaffee zu trinken, überlegte ich gähnend.

Ich setzte mich, streckte die Glieder, verharrte einen Moment lang unbewegt auf der Bank und warf einen Blick um mich herum.

Die Vögel in den Bäumen zwitscherten wohl schon eine ganze Weile aufgeregt in den Tag hinein, der Koloss »Hotel Neptun« erhob sich ruhig und entspannt vor meinen Augen und ragte mitten in den tiefblauen Himmel.

Meine Glieder, speziell die Beine, waren ein wenig verfroren, und vom Wälzen auf dem sperrigen Holz plagten mich etwas Rückenschmerzen.

Aber sonst war ich ganz zufrieden mit der Qualität meines Nachtlagers. Schlecht geschlafen hatte ich eigentlich nicht. Ich musste grinsen, als ich an meine gestrige Panik zurückdachte.

Mein Gott, war ich schreckhaft! Vielleicht hatten die Kerle am Strand einfach nur einen Schluck von meinem Bier haben wollen und waren irritierter von meiner Reaktion auf sie als ich von ihnen.

Ich dachte, wie beruhigend es doch war, dass der Tag die Sorgen der Nacht so einfach wegwischte.

Ich stopfte meine Theaterklamotten in den Rucksack und

machte mich auf den Weg in Richtung Uferpromenade. Kaffee – der musste jetzt sein!

Wie ein Tier auf Nahrungssuche schnupperte ich die leere Flaniermeile auf der Suche nach dem Duft eines frisch gebrühten Bohnenkaffees entlang. Und betrat das erstbeste Backsteinlokal, bei dem mich eine offen stehende Tür zur Einkehr einlud.

»Moin, moin«, grüßte ich die mittelalte Dame mit der Topffrisur, die gerade einen langen Holztisch abwischte. »Haben Sie schon geöffnet?«

Sie lächelte freundlich, ohne von ihrer Arbeit abzulassen.

»Sie sind der erste Gast! Kommen Sie rein, machen Sie sich's gemütlich. Wissen Sie schon, was Sie wollen?«

»Naja, zu einem Kaffee würde ich nicht Nein sagen«, murmelte ich, streifte meinen Rucksack ab und schnappte mir an der Theke einen Barhocker.

»Das sollte sich doch machen lassen!«, rief die Dame. »Hab gerade einen aufgesetzt.«

Sie lachte hell. Ein äußerst sympathisches Lachen, dachte ich. So frisch und fröhlich. Und das um diese Uhrzeit! Sie schien ein ausgesprochener Morgenmensch zu sein.

»Schmeckt der Kaffee im ›Neptun‹ nicht?«, erkundigte sie sich, während sie hinter die Theke wanderte.

»Im ›Neptun‹?« Einen Moment war ich irritiert. »Ach so, Sie meinen, ich sei da Hotelgast! Nein, nein, ich hab nicht IN, sondern VOR dem ›Neptun‹ geschlafen! Auf einer Parkbank!«

Ich lachte. Hoffte, die Dame mit meiner Anekdote zu erheitern. Doch kaum hatte ich das gesagt, verzogen sich ihre Mundwinkel. Die Wangen wurden fahl, ihre Pupillen riesig. Und als würde das nicht schon genügen, schlug sie die Hände vorm Gesicht zusammen.

»Um Gottes willen!«, hauchte sie, als versagten ihre Stimmbänder. »Sind Sie übergeschnappt?!«

Ich blickte verdutzt zu ihr hinüber. Hatte keinen Schimmer davon, was sie meinte.

»Jeden Monat«, versuchte sie, mir zu erklären, als sie langsam ihre Fassung wiedererlangte. »Jeden Monat haben wir mittlerweile einen hier! Manchmal sogar mehrere. Mit kaputten Gesichtern, blutend, grün und blau geschlagen. Junge Männer, die so aussehen wie Sie!«

Sie blickte mir tief in die Augen.

»GERADE junge Männer, die so aussehen wie Sie! Die haben sich dort hinten, genau da, wo Sie übernachtet haben, allein vor dem ›Neptun‹ herumgetrieben oder da unten nachts am Strand. Oft sind es Asylanten, Gastarbeiter, manchmal auch Hotelgäste!«

Sie ließ die Hände vom Gesicht rutschen. Dadurch konnte ich sehen, dass ihre Augen mit Tränen gefüllt waren. Langsam schritt sie zur Kaffeemaschine, die im Regal neben einem Modellsegelschiff stand, nahm die Kanne und schenkte eine Tasse ein.

»Sie glauben ja gar nicht, was hier los ist«, sagte sie, während sie die Kanne zurück auf die Maschine stellte. »Es ist dieses Gesindel aus der Platte, das hier wütet. Alles junge Männer, die nicht wissen, wie sie mit der Wende umgehen sollen. Die haben den ganzen Tag nichts Besseres zu tun, als wehrlose Menschen ins Krankenhaus zu dreschen.«

Sie stellte mir den Kaffee auf den Tresen, lehnte sich vor und schaute mir wieder eindringlich in die Augen.

»Machen Sie das niemals wieder!«, flüsterte sie, als würde sie ein Geheimnis verraten. »Versprechen Sie mir das! Es gab hier auch schon Leute, die das nicht überlebt haben!«

Ich schluckte. Wusste nicht, was ich auf all das erwidern sollte. Nickte nur. Versuchte, zu lächeln, obwohl ich keine Ahnung hatte, ob das jetzt angebracht war. Es gelang mir eh nicht.

Denn auf einmal überkam mich Wut. Ich dachte an Hagen, an Schimanski, an die Typen von gestern. Ich dachte an den Lokomotivführer, der mir das Pfeifen verboten hatte, und nahm mir vor, nie wieder Angst zu haben, nie wieder schwach zu sein, nie wieder Dinge hinnehmen zu müssen, für die es keine Entschuldigung gab.

Ich kramte in meiner Hosentasche, legte ein paar Münzen auf den Tresen, sagte »Stimmt so« und verließ das Lokal, ohne meinen eben noch so heiß ersehnten Kaffee auch nur angerührt zu haben.

# Zerbrochenes Holz

»Herr Kopetzki, nicht wahr?«

Der Professor mit Halbglatze und Nickelbrille blickte vor sich auf den Bogen Papier und musterte mich anschließend stirnrunzelnd. Ich stand in der Mitte eines maroden Proberaums, vor mir hockten fünfzehn andere Bewerber, ein Bruchteil derer, die am heutigen Tag zur Rostocker Aufnahmeprüfung erschienen waren, die anderen hatte man auf weitere Räume verteilt.

Hinter einem kleinen Tisch und einem Stapel Unterlagen thronten der Professor und sein Kompagnon.

»Was dürfen wir von Ihnen sehen?«

Ich räusperte mich.

»Als Erstes würde ich gerne Klaus spielen«, sagte ich. »Den Klaus aus ›Eingemauert‹.«

Der Professor warf einen fragenden Blick zu seinem schnauzbärtigen Kompagnon. Der zuckte nur mit den Achseln.

»Wie dem auch sei«, sagte der Professor freundlich. »Nehmen Sie sich die Zeit, die Sie brauchen – und legen dann mal los!«

Ich schnappte mir einen der klapprigen Stühle, die in der Ecke herumstanden, und beförderte ihn in die Mitte. Der sollte stellvertretend für den kurdischen Jungen stehen, den ich ja in Kürze anschreien und mit meinen imaginären Kumpels umbringen wollte.

Ich platzierte mich hinter dem Stuhl, im Abstand von drei, vier Metern. Und begann – erst mal zu lachen.

Eigentlich hatte ich das nicht geplant, doch dadurch, dass ich mir »die Zeit nahm, die ich brauchte«, wie der Professor es mir angeboten hatte, war mir einfach danach.

Das Lachen fing ganz leise an, fast verlegen, wurde dann lauter, forscher, schriller, schließlich böse und schallend.

Es war ein seltsames Lachen, eines, in dem sich die Wut, die Fassungslosigkeit, das Unverständnis und die Angst, all das, was sich während der letzten Nacht und morgens im Café in mir angestaut hatte, ein Ventil suchte und nach und nach Luft machte.

Ich fixierte dabei den Stuhl, der plötzlich nicht mehr allein für den Kurden in meinem Stück stand, sondern für alles, was ich hasste, was ich selber am liebsten anschreien, zusammentreten und umbringen wollte.

Der Stuhl waren diese bekloppten Skinheads von gestern, waren all die Idioten in meinem Leben, die mir wegen irgendwelcher Äußerlichkeiten das Leben zur Hölle gemacht hatten, war meine eigene Unfähigkeit, ihnen passende Worte entgegenzuschleudern, war mein altes, liebeshungriges, eingeschränktes Ich, das ihnen ihre Ranzen hinterhertrug, anstatt Paroli zu bieten.

Sicher, rein textlich sprach ich den Hass-Monolog meiner Rolle, doch ich legte andere Texte in ihn hinein, ohne sie auszusprechen. Es ging nicht nur um diesen Kurden, der war sowieso nur stellvertretend für die Frustration von meinem Klaus (und damit MEINER Frustration), ich tobte über die Bühne, schrie, fauchte, zischte und flüsterte alles gegen diesen armen Stuhl. Ich war wie im Wahn, kroch auf allen vieren, schmiss mich auf den Boden, heulte und lachte, Tränen flossen.

Schließlich griff ich den Stuhl bei der Lehne und wuchtete ihn am Höhepunkt des Textes mit einem einzigen Knall auf den Boden, sodass zwei der Beine auseinanderbrachen und in unterschiedlichen Richtungen davonsprengten.

Der Monolog war beendet, ich hatte nichts mehr zu sagen, stand bloß noch verdutzt vor den zerbröckelten Holzteilen und starrte sie an.

Mein Gott, war ich das gerade gewesen? Ich schnaufte vor Erregung und Erschöpfung, der Schweiß lief mir den Oberkörper herab und tropfte von der Stirn auf den Boden.

Nein, dachte ich, als ich halbwegs wieder denken konnte. Das war nicht ich, das war Klaus. Jener Klaus, der den jungen Kurden doch eigentlich mit einer imaginären Pistole hatte erschießen wollen. Die hatte ich während meiner Performance komplett vergessen. Ich hatte so ziemlich alles vergessen, was ich mir für die Rolle vorgenommen hatte. Hatte alles frisch entstehen lassen, vollständig improvisiert.

Das war neu. Das kannte ich nicht. Mein eigenes Leben, mein eigenes Fühlen hatte ich bisher immer schön aus dem Spiel herausgehalten.

Doch heute, an jenem eigenartigen Morgen in Rostock, hatte ich zum ersten Mal begriffen: Ich war das alles selber! Und hatte ganz nebenbei den Eindruck, damit etwas über meine »Gegner« zu erfahren. Indem ich MEINEN Hass entdeckte, verstand ich IHREN plötzlich besser. Und diese Einsicht machte die Bühne auf einmal zum Zuhause.

»Danke«, sagte der Professor und nahm seine Brille ab. »Ich denke, das reicht. Die anderen Rollen brauche ich nicht mehr zu sehen. Aber den Stuhl ...« Er lächelte. »Den müssten Sie bezahlen.«

»Kein Problem«, grinste ich zurück. »Hab noch zwanzig Mark im Portemonnaie!«

# Omar Ali Ben Salem

Er trat zur Unzeit in mein Leben, ich konnte ihn gerade wirklich nicht gebrauchen. Erst kürzlich war ich von zu Hause ausgezogen, hatte mein Studium begonnen, weit weg von Freunden und Familie, meinem alten Leben, weit weg in einem fremden Land. Nun, Heiligabend zurück in Hude, kam da plötzlich dieser Anruf:

»Schöne Grüße von dein Vatter aus Iran!«, sagte eine unbekannte, männliche Stimme am anderen Ende der Leitung. Was bitte? Vater? Iran?

Das Allererste, was mir bei diesen knappen und so unschuldig wirkenden Worten, in denen aber meine komplette Herkunft lag, durch den Kopf schoss, war: Das Rätsel ist gelöst! Kein Prinz aus Italien, kein Winnetou, kein »Mulattenhuder«, kein Sindbad oder Kanake. Nein, Omar Ali Ben Salem war's, der Dichter, der mein Alter Ego gewesen war und dessen iranische Herkunft ich dann ja wohl fast prophetisch ausgewählt hatte.

Der Mann am Telefon erzählte, er sei ein Freund meines Vaters und im Gegensatz zu ihm in Oldenburg geblieben. Er berichtete, er habe meine Nummer über einen befreundeten Polizisten herausgefunden, der Mitleid mit ihm gehabt habe, denn das Jugendamt würde die Daten adoptierter Kinder keinesfalls herausgeben.

Mein Vater habe jahrelang, jahrzehntelang nach mir gesucht, ohne die Hoffnung, mich eines Tages zu finden, jemals aufzugeben.

Er hätte mich nach meiner Geburt nicht weggeben wollen. Aber unter den damaligen Umständen habe er die minderjährige Deutsche, mit der er mich in die Welt gesetzt hatte, nicht heiraten können, um in Deutschland zu bleiben.

Nach zwei Jahren Gastarbeit habe er zurückgemusst, zu seiner Verlobten, zu seiner Familie im Iran.

Später habe er seinen Entschluss bereut und sei wieder nach Deutschland geflogen, um mich in den Iran mitzunehmen – das sei jedoch an der Starre der deutschen Behörden gescheitert, da ich zu diesem Zeitpunkt wohl schon adoptiert worden war.

Und nun, da er mich endlich, endlich gefunden habe, würde bei ihm zu Hause in Teheran mir zu Ehren ein Lamm geschlachtet werden.

Diese Geschichte erzählte mir Saaed, der Freund meines Vaters, nicht am Telefon, sondern zwei Tage später beim Tee in der Oldenburger Innenstadt. Dann wählte er eine Nummer und ließ mich die ersten Worte mit meinem leiblichen Vater sprechen, dem die Rührung, die Freudentränen, die Unsicherheit, wie er mir begegnen sollte, über fünftausend Kilometer und sein gebrochenes Deutsch hinweg anzumerken waren: »Bist du wirklich Mathiaaas? Sag, du bist!«

Ich war platt. Überwältigt. Überfordert.

Da hatte ich über zwanzig Jahre lang Ausschau gehalten, mal mehr, mal weniger intensiv, nach den Menschen, die, wie es meine Mama ausgedrückt hatte, »verantwortlich dafür waren, dass ich auf die Welt gekommen war«, hatte mich in diese oder jene exotische Herkunftsgeschichte hineingesponnen, hatte an Tagen und vor allem in Nächten, in denen ich mich alleingelassen, unverstanden und hoffnungslos gefühlt hatte, immer noch diesen letzten, kleinen, dünnen Strohhalm besessen, von dem ich glaubte, dass er die Lösung aller Konflikte sei, und dann bekam ich so schnörkellos, so unromantisch, so banal in ein paar wenigen Worten (und noch nicht einmal von den Protagonisten selber) meine wirkliche Herkunftsgeschichte um die Ohren geknallt.

Und das zu einem Zeitpunkt, wo ich glaubte, schon alles hinter mir zu haben. Wo mich diese ganze Familiensache nicht mehr interessierte, weil ich gerade unterwegs war, um mein eigenes Ding zu machen, mein eigenes Leben zu beginnen. An einem anderen Ort, der mit meinem alten Ich nichts mehr zu tun hatte.

Ich war erwachsen, verdammt nochmal! Und nichts, so gar nichts hatte ich in diesen Weihnachtstagen 1994, als ich doch hauptsächlich bei meinen Eltern vorbeigeschneit war, um meine dreckige Wäsche zu waschen, weniger erwartet, als dass da auf einmal dieses Fass aufgemacht werden würde.

Ich ging mit dieser Sache ähnlich um wie jemand, der eine Rechnung nicht bezahlen kann und sie einfach zusammenknüllt und in den nächsten Mülleimer wirft: Ich ignorierte sie. Ich ignorierte alles.

Mein Vater schickte mir Pakete mit Geschenken und herzergreifende Briefe mit Bildern seiner (und auch irgendwie meiner) Familie, meiner Halbbrüder, meiner Halbschwester. Er erzählte mir über sein Leben im Iran, über seinen Glauben, über Allah, über den Krieg und seine Häuser.

Er versuchte, mich anzurufen. Ich antwortete nicht auf seine Briefe und am Telefon nur dann, wenn es sich nicht vermeiden ließ.

Ich ignorierte ihn – so gut es ging. Ich wollte ihn nicht. Wollte ihn und diese unselige Geschichte nicht in mein Leben lassen.

Er hatte mich damals nicht haben wollen – egal, aus welchen Gründen. Nun wollte ich ihn nicht. Das zog ich durch. Über Jahre. Auch, wenn mir dabei nicht wohl war.

Auch, wenn niemand (mit Ausnahme meiner Adoptiveltern, die es als Verrat empfunden hätten, wenn ich mich mit meiner Herkunft intensiver beschäftigt hätte) mein Verhalten begriff. Darin blieb ich standhaft. Bis es eines Tages nicht mehr ging.

# KANAK POWER

Ich ging nicht nach Rostock, obwohl ich von dort ein Angebot bekommen hatte. Zum Glück aber hatte ich mich auch an anderen Schauspielschulen beworben, und am Ende sogar die Qual der Wahl.

Wenn ich nach dem besseren Ruf gegangen wäre, hätte ich die Hansestadt präferieren müssen – die Schauspielausbildung im Osten galt als besonders hart und effizient. Doch wenn ich an das Erlebnis am Warnemünder Strand zurückdachte, konnte ich auf diese Härte und Effizienz bestens verzichten.

Neben Privatschulen aus Hamburg und Wien hatte ich zudem noch eine Zusage aus Salzburg.

Da Wien und Hamburg Schulgeld gekostet hätten und Salzburg mir auf Anhieb gefallen hatte, weil es mit seinen Bergen, den verschnörkelten alten Gebäuden und der traumhaften Umgebung so völlig anders anmutete als die norddeutsche Tiefebene, in der ich aufgewachsen war, entschloss ich mich, mein heiß ersehntes Traumstudium am ehrwürdigen Salzburger Mozarteum zu beginnen, wo ich die nächsten vier Jahre damit beschäftigt war, neben schauspielerischen Feinheiten Stimme, Sprache, Körper, Psyche und auch das Gehirn ein wenig auf Vordermann zu bringen.

Es kam, wie es kommen musste. Mein Professor hatte es mir während der Ausbildung bereits angedroht: »So, wie du aussiehst, wirst du es am Theater schwer haben, NORMALE Rollen zu spielen.«

Aha. NORMALE Rollen – damit meinte er wohl die Klassiker, die für Anfänger oder zumindest junge Schauspieler vorgesehen waren, die Hamlets, Romeos, Ferdinands und Prinzen von Homburgs, kurz: die jugendlichen Helden. Die spielten am deutschen Stadttheater zu dieser Zeit (erst zehn bis fünfzehn Jahre später sollte sich das etwas durchmischen) ausschließlich blonde oder zumindest brünette, schmächtige Jungs. Keine wuchtigen, nahöstlichen Typen, wie ich einer war.

»Warum nicht?«, fragte ich meinen Professor. »Was ist denn so falsch an mir?«

Er lachte mich an. »Gar nichts ist falsch an dir. Die Sehgewohnheiten der Leute sind es. Seit der deutschen Klassik ist mehr oder weniger in Stein gemeißelt, welche Art Menschen welche Rollen bei uns spielen. Und du entsprichst nun leider nicht dem Typus des jugendlichen Helden.«

Welchem »Typus« ich denn entspreche, konnte er mir allerdings auch nicht sagen. Doch das sollte ich bald erfahren – und zwar, als ich mich nach dem Studium auf Jobsuche begab und die Vorsprechtour durch den gesamten deutschsprachigen Raum von Neuem begann.

Nachdem mich ein Intendant mit der Begründung abgelehnt hatte: »Ich würde Sie ja gerne nehmen, aber wir sind hier nun mal kein Multikulti-Theater« und ein anderer mir nach einer Arbeitsprobe, bei der ich ihm meine iranische Herkunft anvertraut hatte, als Kritik offenbarte: »Naja, insgesamt schalten Sie ja ein bisschen langsam – kann aber auch an Ihrer Nationalität liegen: Sie sind doch Perser, nicht wahr?«, landete ich in meinem ersten Engagement in Bremen, wo ich mit jenen Rollen bedacht wurde, die mir adäquat waren und die mich in den nächsten Jahren verfolgen sollten: Tiere, Türken und Araber – zugegeben alles Wesen, die in den großen klassischen und anspruchsvollen modernen Dramen leider nicht ansatzweise eine tragende Rolle spielten, außer vielleicht eine Gepäck tragende. Meistens steckte man mich ins Weihnachtsmärchen (als Bär oder Affe), und bei Abendstücken in kleine Rollen als Kleingangster oder Opfer von Rechtsradikalen.

Eine positive Ausnahme gab es: ein Stück, oder eher eine Stückadaption, für die mich Akif, ein befreundeter Regisseur, angefragt hatte und für die ich mich auf Anhieb hatte begeistern können. Es war die Bühnenfassung von Metin Yilmaz' Interview-Roman »Kanak Attack«, die wir mit zwei weiteren Schauspielern erarbeiteten.

»Misstöne vom Rand der Gesellschaft« lautete der Untertitel, und wie der bereits anklingen ließ, war nicht bloß die Akustik dieses Textes interessant, sondern auch das Thema: Es ging um »Deutschtürken« der zweiten und dritten Generation, deren Eltern und Großeltern als Gastarbeiter nicht, wie allgemein vermutet, in ihre Heimat zurückgegangen waren, sondern im fremden Land Familien gegründet hatten.

Um Leute wie Erdal also, den ich nun zu gerne dazu befragt hätte, zu dem ich jedoch keinen Kontakt mehr hatte.

Besaßen sie dieselben Chancen wie ihre »biodeutschen« Landsleute? Was vermissten sie? Was schätzten sie? Was hassten sie?

Der Roman und auch das Stück thematisierten ihren alltäglichen Kampf, sich eine Nische in der deutschen Gesellschaft zu erobern, ihr Scheitern, ihren Stolz, ihre Kraft. Und letztendlich die Frage: Was bin ich eigentlich? Türke oder Deutscher? Oder beides? Oder etwa gar nichts von beidem?

Das alles manifestierte sich in einer energetischen, rapähnlichen Sprache, die Yilmaz auf Grundlage der Interviews mit den jungen Leuten, die sich in einer Art bilingualem Mischmasch unterhielten, zu einer Dichtung umgewandelt hatte, welche sowohl den Schimpfwortreichtum der türkischen Sprache ins Deutsche übertrug als auch deren Sanftheit und Poesie.

Für Metin Yilmaz war die Antwort auf die Frage nach der Identität der Migrationskinder klar: Man war nicht Türke oder Deutscher, man war »Kanake«.

Und solange man sich selber den »Kanakenklaps verpasste«, war dies auch kein Schimpfwort. Im Gegenteil: sogar eine identitätsstiftende Ehrenbezeichnung, wie sie bei der »Niggerbewegung« in den USA ihr Vorbild gefunden hatte.

Es war eine Abgrenzung vom »Lieb Alilein«-Image der ersten Gastarbeitergeneration, und auch eine Abgrenzung von allem, was »alemannisch« war und keine genetischen oder kulturellen Wurzeln in der Türkei besaß.

Metin Yilmaz war in seinem Auftreten einem italienischen Mafiaboss weit ähnlicher als einem türkischstämmigen Kieler Publizisten.

Er trug seine schwarze, gewellte Mähne lang und wild, einen sauber gestutzten dünnen Rundbart und zum schwarzen Edelanzug mit einem meist bis zum Bauch geöffneten Oberhemd mächtige Silberketten und -ringe.

Er wohnte unseren Theaterproben im Bremer Steintorviertel des Öfteren bei, begrüßte das Team, das mit Ausnahme von mir zum größten Teil aus Türkischstämmigen bestand, stets mit dem Kampfspruch »Kanak Power!« und meinte nach einer Probe mal verwundert zu mir: »Immer, wenn ich dich sehe, denke ich, du bist ein Kanake! Und? Bist du ein Kanake?«

»Ich bin kein Kanake«, antwortete ich schmunzelnd. »Ich spiele nur einen.«

Worauf er mir mitleidsvoll einen »Kanakenklaps« auf die Schulter gab.

Tatsächlich interessierte mich sein Gehabe von der »Kanak Power« sehr viel weniger als die spannende Kunstsprache, die er entwickelt hatte. Weniger als die vielschichtigen Figuren, die ich in seinem Stück spielen durfte (vom Stricher über den islamischen Fundamentalisten bis hin zum arbeitslosen

Kfz-Mechaniker), welche mir in der Bandbreite ziemlich reizvoll erschienen. Mehr aber nicht.

Und warum auch? Schließlich war ich kein politischer Aktivist, sondern Künstler. Und in dieser Funktion versuchte ich, der ich ja mehr oder weniger zufällig in diese Produktion hineingepurzelt war, lediglich einen guten Job zu machen – was anhand der komplexen Rollen und schwierigen Sprache schon mal nicht ganz so einfach war.

Die andere Ebene, die politische, nahm ich zwar dankbar mit in meine Arbeit hinein, mit gewissem Stolz, bei etwas dabei sein zu dürfen, was für andere lebensbedeutend war und über bloßes Theater hinausging.

Doch als jemand, der mit dieser »Türken-oder-nicht-Türken«-Problematik so überhaupt nichts am Hut hatte, verstand ich natürlicherweise recht wenig davon.

Damals, Mitte der Neunziger, unterhielt man sich politisch und medial noch selten über das Thema Integration, schon gar nicht darüber, ob sie eventuell »gescheitert« sein könnte.

Der gemeine Muslim galt noch nicht als Staatsfeind Nummer eins, und die sozialen Probleme in den sogenannten »Ghetto-Kiezen« der Republik waren Randprobleme, die außerhalb kaum einer wahrnahm.

Läuft doch alles super in unserer ach so toleranten Spaßgesellschaft, posaunte man quer durch alle Fernsehkanäle: Du bist okay, ich bin okay, jeder kann Millionär werden, die Börse boomt, Ost und West vereint, also »Friede, Freude, Eierkuchen«, nicht nur bei der Loveparade.

Dass jener »Friede, Freude«-Eierkuchen innerlich aber ganz schön vor sich hin zu faulen schien, bekam ich bei einer Fernsehtalkshow mit, zu der Metin zusammen mit uns drei »Kanak Attack«-Schauspielern eingeladen war.

Die Redaktion hatte das Theater telefonisch gebeten, einen fünfminütigen Auszug aus dem Stück zum Besten zu geben.

Wow, dachte ich. Fünf Minuten Theater in einer prominent besetzten Fernsehtalkshow? Das war doch was!

Die Schwierigkeit, die sich daraus ergab, war, wie man die vierundzwanzig langen, komplizierten und inhaltsschweren Monologe auf fünf aussagekräftige Minuten reduzieren sollte.

Zusammen mit Metin entschieden wir uns für eine künstlerische Provokation: In deftigen Worten durften unsere »Kanaken« mal so richtig loslegen und den »Alemannen« ihre Meinung um die Ohren hauen.

Von meinen Texten blieben Sätze übrig wie »Den Fremdländer kannst du nimmer aus der Fresse wischen!« oder »Hinter jeder Straßenecke einer, der hasst, weil 'n Olivenkern im Dickdarm hakt oder seinem Hermann die richtige Länge fehlte.«

Wir hatten an einem Tisch auf einem kleinen Podium Platz genommen, ein paar Meter entfernt vom eigentlichen Geschehen der Talkrunde, zu der neben Metin der Bundesarbeitsminister, die Ministerpräsidentin von Schleswig-Holstein und ein berühmter Liedermacher aus dem Osten eingeladen waren.

Nacheinander arbeitete der smarte Moderator die Gäste mit gut gelaunten Fragen ab, bevor kurz vor Schluss Metin an der Reihe war, der direkt zu unserer Performance überleitete.

Ich war nervös, der Schweiß lief mir an Wangen und Rücken herunter, unruhig rutschte ich auf meinem Stuhl hin und her.

Und beim Blick über die Schulter entdeckte ich, dass es meinen Kollegen Ayse und Erjan offenbar genauso ging.

Das stundenlange Warten auf den Auftritt, die Live-Sendung, das Bewusstsein, einige Millionen Leute zu erreichen, ohne fixe Rollen, nur mit ein paar Sätzen bewaffnet, die Hitze im Studio, die ausgestellte Position auf dem Podest, die es nicht zuließ, sich großartig zu bewegen – das alles versetzte nicht nur einen Berufsanfänger wie mich in einen adrenalingeschwängerten Ausnahmezustand, sondern auch meine weitaus erfahreneren Kollegen.

Aufs Stichwort legten wir los, erhoben uns, brüllten, schrien sehr bald unsere Texte, schossen sie direkt in die Kameras ab, mit einer Spielwut, die wohl mehr mit unserer Anspannung zu tun hatte als mit dem, was wir da transportieren wollten.

Das Feuer, die Power, die Wildheit, die wir mit Körper und Stimme in unseren Auftritt legten, ließen selbst Metin in der Talkrunde spürbar zusammenzucken und sorgten dafür, dass wir nach Abschluss unserer programmatischen Minireden statt frenetischem Beifall irritierte Zuschauerblicke im Studio ernteten und nur hier und da äußerst zaghaften Applaus.

In der Talkrunde war es sekundenlang still. Der Moderator, ein sonnengebräunter Mann mit schulterlangem Haar und Brille, bedankte sich in unsere Richtung mit spitzbübischem Lächeln und blickte neugierig in die Runde.

Gerade wandte er sich Metin zu, vermutlich, um ihm eine Frage zu stellen, als es der Bundesarbeitsminister nicht mehr aushielt. Mit einem Ruck drehte er sich zu uns Schauspielern um, die wir noch auf dem Podest verharrten. »Mit dieser Sprache, die Sie da propagieren, schlagen Sie anderen Leuten in die Fresse!«, rief er uns wütend entgegen.

Noch bevor der Moderator auf diese Stellungnahme eingehen konnte, setzte der Liedermacher aus dem Osten nach.

»Was ist eigentlich echt an Ihnen?«, fragte er Metin mit hochgezogenen Augenbrauen und verschränkte die Arme dabei. »Diese Texte sind es jedenfalls nicht!«

Die Ministerpräsidentin, eine lange Frau mit Kurzhaarschnitt, zeigte sich besonders erregt.

»Wir geben uns doch nun wirklich alle Mühe, Verständnis zu zeigen für dieses Kopftuch, das nun nicht gerade sehr kleidsam ist und auch Aggressionen hervorbringt«, wetterte sie in Richtung Metin. »Und dann kommen Sie mit einer solch beleidigenden Sprache an?! Sie sind eine Schnapsnase, das sind Sie!«

Ich ruckelte aufgeregt mit meinem Stuhl hin und her und

traute meinen Ohren nicht. Was ging denn da vorn gerade ab? Was, zum Teufel, hatte Metin, hatten WIR mit unserer Performance denn da bloß losgetreten?

Bis vor ein paar Minuten war die Stimmung in der Talkrunde noch von höflicher Belanglosigkeit gezeichnet gewesen. Nun kippte sie mit einem Schlag um in blanke Wut.

Und warum? Bloß, weil da ein paar ausländisch aussehende junge Leute mit drastischen Worten und den Mitteln der Kunst den Unmut einer gesellschaftlichen Gruppe formuliert hatten, von dem ich bisher angenommen hatte, dass ihn jeder vernünftige Mensch nachvollziehen konnte.

Doch zu meiner Überraschung musste ich feststellen, dass die da vorn, die mit ihrer Politik doch mitverantwortlich waren für diesen Unmut, genau dies leider nicht konnten.

Die Frage war: Wollten sie es nicht, oder konnten sie nicht? Und plötzlich, genau in dem Augenblick, in dem ich mir diese Fragen stellte, schien ich etwas zu begreifen.

Etwas, das mir in den Proben zu dem Stück nie bewusst gewesen war: Ich war hier mehr als nur Schauspieler.

Ich spielte nicht nur eine Rolle oder transportierte Worte, die nicht meine waren. Nein, ich stand hier für eine Sache. Ich wurde mit dem, was ich hier machte, identifiziert. Von allen, die hier saßen. Und von Millionen am Bildschirm wahrscheinlich ebenfalls.

Und zwar genau hier. An dieser Stelle, in dieser Sendung, mit diesen Texten. Zusammen mit meinen türkischstämmigen Kollegen und dem Autoren, der dort vorn einem Kreuzfeuer ausgesetzt war.

Ich spürte das unwiderstehliche Bedürfnis, ihm beizuspringen. Das war jetzt notwendig, das war wichtig. Ich wurde gebraucht. Im Stillen zählte ich bis zehn, dann sprang ich auf. Damit man mich sah. Damit alle mich sahen.

»Jeder dieser Texte ist Realität!«, schrie ich und unterbrach damit den Bundesarbeitsminister, der gerade ausgeführt hatte, wie solcherart »Geschreibsel« bloß Aggressionen schüre, die niemandem helfen würden. »Diese Texte sind Realität in der Generation der Migrantenkinder, die sich abgehängt fühlen, weil es bisher keine deutsche Regierung verstanden hat, sie ordentlich zu integrieren!«

Ich spürte Blicke auf mir, sie fraßen sich in mich. Meine Kollegen, Metin, der Moderator, die Talkgäste, die Zuschauer – alle starrten mich an, als hätte ich ein Gewehr in der Hand und würde »Hände hoch!« schreien.

Das war nicht üblich. Das machte man hier nicht. Niemand brüllte den Prominenten ins Wort! Doch keiner versuchte, mich zu stoppen. Man ließ mich ausreden. Also machte ich weiter. Und holte tief Luft.

»Diese Texte haben mit der Aggression einer gesamten Generation zu tun!«, rief ich, nun erheblich entspannter, weil ich wusste, dass man mir zuhörte. »Nur deswegen sind sie laut! Und deswegen sind WIR so laut! Also: Gehen Sie doch bitte mal auf den Inhalt ein und nicht nur auf die Form!«

Erneut wandte sich der Bundesarbeitsminister um. Er irrte ein wenig mit seinem Blick umher, bis er mich gefunden hatte, nahm mich mit zusammengekniffenen Augen ins Visier und reckte dabei die Faust.

»Dieser Sprachduktus, den Sie da jetzt gerade benutzen ...« Er hob die Stimme und schleuderte jedes der kommenden Worte einzeln in meine Richtung, mit einer solchen Wucht, dass ich schon versucht war, mich zu ducken: »... DAS IST DER SPRACHDUKTUS VON GESCHULTEN RECHTSPOPULISTEN! DIE SPRACHE VON DVU- UND NPD-FUNKTIONÄREN!«

Eigentlich hatte ich noch etwas sagen wollen. Ich war nicht fertig gewesen.

Ich hatte sagen wollen, dass es Zeit dafür wäre, dass die Migrantenkinder endlich aus ihrem Opferstatus herausträten, in den man sie und ihre Vorfahren jahrzehntelang in den Medien gepresst hätte.

Ich wollte davon sprechen, dass es in Deutschland nach so vielen Jahren und Jahrzehnten »Integration« in Schulen oder im Berufsleben immer noch ein riesiger Unterschied wäre, ob man »Farid Güngür« hieße oder »Stefan Müller«.

Dass »Verständnis für das Kopftuch« noch lange nicht bedeutete, dass man der Frau, die es trug, vorurteilsfrei begegnete.

Und letztendlich, dass keiner der Leute, die da in der Talkrunde so wortreich über »aggressives Vokabular« das Zepter brachen, auch nur ansatzweise die Erfahrung gemacht hätte, die in diesen Texten steckte!

Das alles hatte ich sagen, hatte ich loswerden wollen, das alles hatte sich während der letzten Minuten zu meiner eigenen Überraschung in mir angestaut.

Doch das, was der Bundesarbeitsminister da gerade von sich gegeben, in welche Ecke er mich gepresst hatte, legte mein gesamtes Vorhaben still. Knockte mich bereits in der ersten Runde aus.

Es schoss mit so unumstößlicher Überzeugung diametral am Thema vorbei, dass ich – während sich vorn die Diskutanten munter weiter beleidigten – nur noch in meinen Stuhl sacken und den Rest der Sendung fassungslos vor mich hin starren konnte.

»Ab ins Arbeitslager und vergasen!«, »Diese Kanaken haben mir den ganzen Abend versaut!«, »Wenn mir dieser Abschaum der Menschheit, diese selbsternannten Schauspieler, einmal im Dunkeln begegnen, kann ich für nichts garantieren«. Und, etwas akademischer: »Wir haben vor Jahrhunderten schon mal das Abendland gegen die Türken verteidigt. Wir können nicht zulassen, dass sie unsere Gesellschaft nun von innen aushöhlen!«

Das alles und noch viel mehr war in den Faxen zu lesen, die am nächsten Tag in der Presseabteilung des Theaters eintrafen.

Natürlich war ich begierig gewesen, Zuschauerreaktionen zu erfahren, und sofort nach dem Aufstehen ins Theater geeilt.

Mit dieser Fülle an beleidigenden, rassistischen, ja Gewalt androhenden Wortmeldungen hatte ich allerdings nicht gerechnet, die direkt nach der Live-Ausstrahlung in der Hotline des Senders abgefangen worden waren.

Somit war klar: Wir hatten durch unseren Auftritt nicht nur die Gäste in der Talkrunde, wir hatten viele Zuschauer verärgert, regelrecht zur Weißglut getrieben. Und damit ganz schön aus der Reserve gelockt.

Menschen mit Migrationshintergrund, die von »Scheiße«, »Ficken« und »Fresse« sprachen, dabei selbstbewusst in die Kameras schrien – das war für das Fernsehpublikum der neunziger Jahre scheinbar wohl zu viel.

Der Tag nach der Sendung war kein guter Tag für mich.

Eigentlich hatte ich mich morgens auf ihn gefreut, in meiner grenzenlosen Naivität damit gerechnet, auf die Straße zu gehen und von einer Handvoll schöner Mädchen angesprochen zu werden, ob ich denn nicht wohl »der aus dem Fernsehen« sei.

Stattdessen war es genau eine Person, die mich ansprach. Ein alter Mann, der auf meinem Weg vom Supermarkt zu meiner Wohnung – ich hatte jeweils zwei prall gefüllte Tüten in jeder Hand – direkt auf mich zuwackelte.

»Entschuldigung, halten Sie mal bitte!«, rief er mir krächzend entgegen. Sein Haar war zerzaust, er trug einen dicken Wollkragen-Pullover.

Ich stoppte vor ihm.

»Ja, bitte?«

Er stellte sich vor mich, schaute zu mir auf, weil er so klein war. Und musterte mich skeptisch.

»Sie sind das doch, oder?«

»Was meinen Sie?«

Ich zog die Augenbrauen hoch, stellte mich unwissend.

»Na, einer der Türken aus dem Fernsehen!«, krächzte er.

»Ach so, Sie meinen die Talkshow gestern!«, spielte ich den Überraschten und tat dabei so, als wäre so ein Auftritt das Alltäglichste der Welt für mich. »Ja, da haben Sie recht. Hat's Ihnen gefallen?«

Ich lachte ihn an.

Der alte Mann verzog keine Miene. Fixierte mit finsterem Blick mein Gesicht und sagte einige Sekunden lang gar nichts.

Prompt stellte ich mein Lachen ein. Ich wusste nicht, was er wollte.

Allerdings nur bis zu jenem Moment, da er in seinem Rachen ein ekelhaftes Geräusch produzierte und eine Ladung Rotz vor meinen Füßen landete. Augenblicklich fuhr ich nach hinten.

»Schämen Sie sich! Und gehen Sie zurück!«, krächzte er. »Dahin, wo Sie zu Hause sind! Gehen Sie zurück! Dort sind Sie sicherlich besser aufgehoben!«

Ein zartes Lächeln flog über sein Gesicht. Augenscheinlich hatte ihm das jetzt gutgetan. Ohne mich noch einmal anzuschauen, wackelte er umgehend davon und bog auf die gegenüberliegende Straßenseite. Ich stand noch eine Weile da, steif wie ein Denkmal, und starrte mit meinen Tüten in den Händen auf den versickernden Rotz auf dem Pflaster, unfähig, mich zu regen.

Dann setzte ich mich langsam, ganz langsam in Bewegung und folgte seinem Rat. Und ging nach Hause. In mein kleines Bremer WG-Zimmer.

# GIB'S MIR, MUSLIM!

Der sah mir ähnlich. Wenn ich schlecht gelaunt war, sogar verdammt ähnlich.

Die schwarzen Pupillen, die herausfordernd und fast hypnotisch direkt in meine zu starren schienen, darüber bedrohlich buschige Augenbrauen. Die einen Tick zu breite Nase (aus mitteleuropäischer Sicht), die kurzen, einheitlich gestutzten schwarzen Haare, die rundliche Kopfform.

Sein Gesichtsausdruck: entschlossen, kein Lächeln, der Kiefer trotzig nach vorn gereckt. Ein eiskalter Killer, das sah man auf den ersten Blick.

Oder bildete ich mir das ein? Schließlich hatte der Typ dreitausend Leute auf dem Gewissen, dazu auch noch sein eigenes.

Als ich das verpixelte Ausweisfoto von Mohammed Atta zum ersten Mal im Fernseher sah, einen Tag nach den Anschlägen von New York und Washington, als langsam klar wurde, wer genau verantwortlich war für ein Verbrechen, dass die ganze Welt in kollektiver Schockstarre innehalten ließ, spürte ich, dass dieses Bild, seine Täterschaft und die seiner Komplizen die Dinge auf den Kopf stellen würden.

Bisher glaubten wir uns hier alle in Sicherheit. Ätsch. Wir waren angreifbar.

Wir glaubten, nach dem Kalten Krieg keine Feinde mehr zu haben. Irrtum. Sie waren mitten unter uns, sie lebten in Hamburg oder den USA, waren höflich, unscheinbar und griffen uns von innen an – wie das Trojanische Pferd.

Wir glaubten, der Islam sei eine harmlose Religion. Wieder

falsch. Er schien viel eher eine Kampfansage zu sein – und aufzurufen zum Massenmord.

Wir glaubten, der Nahe Osten mit seinen Krisen und Kriegen sei fern. Ätsch. Er war ganz nah bei uns. Fortan rochen wir seinen Atem.

Da nützte es wenig, dass George W. Bush in einem Anflug seltener Besonnenheit die nächsten Tage damit verbrachte, demonstrativ Moscheen zu besuchen, um ein Zeichen zu setzen, nicht einen ganzen Glauben zu verteufeln – der Islam hatte ein Problem: Er war unten durch. Und mit ihm die Menschen, die nach ihm aussahen.

Denn die Blicke hatten sich verändert. Die Blicke, wenn ein junger Mann mit kurzen schwarzen Haaren, buschigen Augenbrauen und dicker Nase einen Flughafen oder das Einkaufszentrum betrat.

Es war der erste, der allererste Augenblick. Amygdala. Davon hatte ich mal gelesen. Der Eindruck, der das Bild von einem fremden Menschen unumstößlich prägt, ohne dass man genau sagen könnte, wie der überhaupt zustande kommt.

Erinnert uns der Typ an einen schönen Urlaub, einen guten Freund oder unseren Lieblingsfilm? Oder läuten die Alarmglocken, weil Bilder des Terrors, der Angst, die in uns eingebrannt sind, bei seinem Anblick kurz in uns aufleuchten?

Es ist ein Hauch, fast ein Nichts, zu kurz, um bewusst zu sein. Und doch ist es da. Für einen Moment. Aber unauslöschlich.

Einen Augenblick später meldet sich brav wieder die Ratio, das anerzogene »Gutmenschentum«, die Toleranz, die Vernunft, die beschwichtigt: »Mach dir keine Sorgen – der andere will bloß in Ruhe gelassen werden. Genauso wie du.«

So muss es auch in den Siebzigern gewesen sein, als die RAF ihr Unwesen trieb und jeder Langhaarige mit VW-Käfer bei Polizeikontrollen aus dem Wagen gezogen wurde. Und heute traf es halt andere.

Nein, es lag nicht nur daran, dass ich selber den Eindruck hatte, anders betrachtet, anders wahrgenommen zu werden, als noch zwei Tage zuvor. Sondern daran, wie ich auf einmal selber betrachtete.

Die kleine Frau mit dem schwarzen Kopftuch an der Kasse: Billigte sie die Attentate? Oder hatte sie gar was damit zu tun? Auszuschließen war das nicht.

Der dunkle, gut gekleidete Mann mit Nickelbrille und Rauschebart. Wirkte er nicht verdächtig, wie er sich da auf dem Marktplatz immer wieder hektisch umdrehte?

War er wie Mohammed Atta, wie nicht wenige der Selbstmordattentäter, in unser Land gekommen, um sich den technischen Fortschritt des Westens zunutze zu machen und ihn mit einem Anschlag zu missbrauchen?

Warum trug er diese riesige Jacke, mitten im Spätsommer? Lauerte darunter ein Sprengstoffgürtel, der jeden Augenblick den ganzen Platz dem Erdboden gleichmachte?

Natürlich war ich mir bewusst, dass das alles Quatsch war. Und es waren schließlich auch nur Bruchteile von Sekunden, in denen mir diese Fürze durchs Gehirn krochen. Äußerlich blieb alles ruhig, wenn ich nicht gerade den Fernseher eingeschaltet hatte oder Zeitung las. Diese seltsamen Gedankensplitter waren vermutlich mein Ventil, den Umständen entsprechend überzureagieren.

So, wie in diesen Tagen viele überreagierten. Jeder hatte eine Meinung zu den Dingen, wollte sie loswerden, und nicht selten wurde es laut, wenn sie geäußert wurde. Die Vernunft hatte nicht nur Angst, sondern auch Rachegelüsten Platz gemacht. Gegen wen oder was auch immer.

»Jetz san die Saudis fällig!«, raunte Josef, der Pförtner unseres Theaters, zu mir, als ich eines Morgens das Schauspielhaus betrat. »Die foppen uns seit Joan mit ihrer Ölpreispolitik und werden dafür a no gebauchpinselt! Jetz sahn die da oben endlich, wos des für Schweine san!«

Ich nickte, um nichts dazu sagen zu müssen, und dachte an unsere Regierung, die soeben den ziemlich vorschnell agierenden Amerikanern bei ihrem Afghanistan-Feldzug beinahe uneingeschränkt Schützenhilfe zugesagt hatte.

Und war diese Art Überreaktion nicht auch verständlich? Wie sollte man nicht überreagieren angesichts der in Dauerschleife gesendeten Bilder des Grauens aus New York? Wie sollte man in diesen Tagen einen kühlen Kopf bewahren?

»Der erste Großanschlag auf amerikanischem Boden seit Pearl Harbor«, so ließen die Kommentatorenstimmen zu den Fernsehbildern verlauten, treffe »die freie Welt hinterrücks und vollkommen unvorbereitet«.

Mitten ins Mark der westlichen Spaßgesellschaft, die mit so etwas wie Feinden nicht rechnen konnte – denn wer hätte uns netten, hippen Vertretern einer sympathischen, toleranten Welt auch nur ansatzweise etwas Böses tun wollen?

Wir waren wohl ziemlich lange ziemlich naiv gewesen. Und ich im Speziellen.

Der elfte September beendete ironischerweise für mich einen Sommer, der von Lust, Freiheit und Unbekümmertheit geprägt gewesen war wie kein anderer vor ihm. Und das in einer der schönsten Städte, die ich bisher kennengelernt hatte.

Ein Jahr zuvor war ich nach meinem Kölner Engagement, wo ich »Tiere und Türken«-Besetzungen langsam sattbekommen hatte, ins österreichische Graz gewechselt, an den südöstlichsten Zipfel des deutschsprachigen Raums. An ein kleineres Theater, in einer überschaubareren Stadt, wo ich mir bessere, größere Rollen erhoffte (da weniger Schauspieler im Ensemble waren) und kein so eingeschränktes Rollenbild wie zuvor.

Der Plan ging auf – die Figuren, die ich hier fortan spielen durfte, waren interessanter, vielfältiger, steckten mich weniger in eine Schublade. Und ich genoss den fast südeuropäischen Lebensstil dieser Stadt in vollen Zügen.

Morgens öffnete ich mein Fenster im Erdgeschoss und betrachtete die Heerscharen hübscher Mädchen, die an meiner Straße entlang zur Uni flanierten.

Anschließend schlenderte ich mit Apfel in der Hand zum Theater, frühstückte unterwegs auf einer Wiese im Park, wo ich nach der Probe oft auch ein Mittagsschläfchen abhielt, unterhielt mich mit der ein oder anderen Studentin, um mich mit ihr für den Abend zu verabreden, wenn ich nicht gerade Vorstellung hatte oder mit Kollegen um die Häuser zog.

Ich fühlte mich frei, ohne inneren Ballast, in jeglicher Hinsicht. Am Theater machte ich, was mir Spaß bereitete, in der Freizeit noch mehr, jeder Tag war leicht, nie bedrohlich, immer voller Abenteuer und Möglichkeiten.

Ich ließ mich treiben, war eins mit allem, mit mir, mit den Leuten, mit jedem Winkel der meist sonnigen Stadt, die ich bald besser kannte, als die möblierte Altbauwohnung, in der ich untergebracht war.

Doch die Leichtigkeit war dahin – mit jenem Dienstag im September. Wenn diese dämlichen Terroristen bei mir persönlich etwas angerichtet hatten, dann war es dies: Die Feel-Good-Komödie, in der ich mich lange Zeit gewähnt hatte, war von einem Tag auf den anderen zu einem Action-Schocker wie »Armageddon« oder »Judgement Day« mutiert, hinterließ einen lähmenden Kater wie nach einem viel zu langen, viel zu rauschenden Fest.

Und dieser Kater legte sich wie eine ungenießbare Kruste auf meine Seele, raubte mir jegliche Unbekümmertheit, mit der ich eben noch durch Graz gehüpft war.

Seltsam. Wo mich doch politische Großereignisse bisher ziemlich kaltgelassen hatten.

Der »Djihad« (ein Wort, das ich vorher nie richtig wahrgenommen hatte, aber das in diesen Tagen die Medien flutete) dieser brutalen Typen aus Übersee säte aber nicht bloß eine allgemeine, undefinierbare Angst und Skepsis vor allem, was nahöstlich wirkte.

Dieser »Djihad« hatte auch noch eine andere, weniger diskutierte Qualität: nämlich eigenartigerweise das Zeug, direkt in den Unterleib vorzudringen und regelrecht Lust zu erzeugen. Was ich sehr bald am eigenen Körper erfahren musste.

Franz, Filmstudent in Wien, der aus Graz stammte und sich meistens auch noch hier herumtrieb, hatte mich in der Kantine des Schauspielhauses angesprochen: »Host ned Bock, mol a richtiges Oarschloch zu spühn?«

Er plante, einen Kurzfilm zu drehen, der sich um die aktuellen Ereignisse rankte. Es gehe um einen fiktiven Terroristen, der im Zuge von 9/11 gefasst worden sei, einen der Hintermänner Osama bin Ladens. Der sitze in Detroit in Untersuchungshaft und warte auf seinen Prozess.

Währenddessen besuchte ihn sein Vater, ein gemäßigter Muslim, im Gefängnis und versuchte, herauszufinden, wie sein Sohn zu einem Mörder und Terroristen hatte werden können.

Im Laufe dieses Gesprächs werfe der Sohn seinem Vater immer mehr Inkonsequenz, Verwestlichung, Paktieren mit dem Erzgegner, der freizügigen, kapitalistischen Welt, die die muslimische unterdrücke und ausnutze, vor.

Am Abend nach diesem Gespräch begehe er Selbstmord. Darin sehe er, wie er gegenüber seinem Vater mehrmals betone, den einzigen Weg zur Befreiung von einer ungerechten, demütigenden Welt.

Ich sei prädestiniert für die Rolle, versicherte mir Franz. »Ned nur, weilsd ausschaust wie die Reinkarnation vom Mohammed Atta!«

Ich hatte im Schauspielhaus gerade keine Hauptrolle zu proben, dementsprechend einigermaßen Zeit, also sagte ich zu.

Wir drehten bei ihm zu Hause, in unmittelbarer Nachbarschaft des Theaters. Mein Partner, also mein Vater, war ein irakischer Kunstmaler aus Wien mit Schauspielambitionen, der kaum Deutsch sprach und daher seinen Text so mühsam über die Lippen brachte, dass er die Anstrengung, die es ihn kostete, mit seinem missratenen Sohn zu sprechen, ohnehin nicht mehr spielen musste.

Für mich war es eine spannende, innerlich bereichernde Woche, in der sich viel, sehr viel, was sich in der letzten Zeit in meinem Kopf breitgemacht hatte, endlich Luft verschaffen konnte.

So ein »Oarschloch« hatte ich nach meiner »Eingemauert«-Vorsprechrolle tatsächlich nicht mehr gespielt.

Was trieb jemanden dazu, den Glauben über alles zu stellen und ernsthaft zu meinen, ein Gott könnte es gutheißen, Unschuldige zu töten? Wie sehr musste man andere Menschen, inklusive seine eigene Familie, hassen, um so etwas zu tun? Was war da schiefgelaufen in seiner Kindheit, in seiner Erziehung, im Erleben seiner Umwelt?

Um mich ansatzweise in die Lebenswelt meines Terroristen einzufinden, studierte ich den Koran, besuchte Moscheen, lernte Gebetspraktiken kennen und besorgte mir Videoaufzeichnungen über das Leben der Terroristen des elften September.

Zwei Monate später feierte der Film Premiere in einem kleinen Grazer Kinosaal, und die Premierenfeier fand anschließend bei Franz zu Hause statt. In seiner Fünfer-WG, wo wir während der Dreharbeiten das Gemeinschaftswohnzimmer in einen Gefängnis-Besucherraum verwandelt hatten, nun allerdings mit Girlanden und Discokugel in einen Partyraum.

Die Resonanz auf den Film war bedrückend – was wir künstlerisch als positiv bewerteten, schließlich ging es ja auch um ein bedrückendes Thema.

Aber die Feier kam nicht so richtig in Schwung, die Girlanden hingen etwas traurig in der Gegend umher, und keiner wollte dem eigens angeheuerten DJ den Gefallen tun, zu dessen Rhythmen zu tanzen.

Die wenigsten der geladenen Leute schienen in Partylaune zu sein, doch da Franz mit seinen Mitbewohnern den ganzen Tag Salate gemacht, Schnittchen geschmiert und Bier gekauft hatte, waren die annähernd vierzig Premierengäste, die zu großen Teilen aus Filmstudenten und Theaterkollegen bestanden, immerhin bereitwillig in seine Wohnung gefolgt, um sich anfangs einigermaßen stockend über das Gesehene auszutauschen.

»War schon okay«, »Weiß auch nicht, was ich dazu jetzt sagen soll«, »Hätte ich gewusst, dass es so traurig wird, wäre ich heute nicht gekommen!« war der allgemeine Tenor, den ich durchs Zimmer grummeln hörte.

Auch zu mir als Hauptdarsteller kamen Freunde und Kollegen, klopften mir schweigend auf die Schulter, gratulierten in knappen Worten zu meiner spielerischen Leistung und wechselten rasch das Thema.

Ich nahm das nicht persönlich, ganz und gar nicht. Der elfte September war gerade vier Monate her, in Afghanistan tobte ein Vergeltungskrieg, und jeder spürte, dass ein Terroranschlag auch im beschaulichen Österreich eine durchaus realistische Bedrohung war.

Ich unterhielt mich gerade mit Hanna, Franz' Freundin, die den Film »zu schnell geschnitten« fand (»... und das hab ich ihm während der Postproduktion auch immer gesagt, aber er wollte nicht auf mich hören!«), als ich ein Mädchen wahrnahm, das an ihre Seite getreten war und mich mit großen, neugierigen Augen betrachtete.

Sie war gut zwei Köpfe kleiner als ich, wirkte zierlich, fast zerbrechlich, trug zum schwarzen Kleidchen blonde, struwwelige kurze Haare. Sie strahlte mich an, mit leuchtenden, grünlichen Pupillen.

Eine Zeit lang versuchte ich, das Gespräch mit Hanna noch aufrechtzuerhalten, als wäre ich nicht längst mit meinem Kopf woanders, nickte fleißig, wenn sie sich über die Postproduktion ausließ, und warf hin und wieder schlaue Sätze über die Dreharbeit ein.

Aber irgendwann entging es auch Hanna nicht, dass ich mich schon eine ganze Weile mehr der Person neben ihr zugewandt hatte.

»Hab ich euch eigentlich schon einander vorgestellt?«, rief sie, als sie es endlich bemerkte, und schlang ihren Arm um die Schulter der unbekannten Blondine. »Das ist Pat! Sie ist grad zu Besuch bei mir!«

Pat strahlte und reichte mir die Hand.

»Pat stammt aus Bern!«, sagte Hanna. »Wir kennen uns vom Studium. Jetzt lebt sie in Wien und kommt am Wochenende oft bei mir vorbei.«

»Tolle Leistung«, meinte Pat, leise und fast schüchtern.

Sie ließ meine Hand wieder los, fixierte meine Augen aber weiter, klammerte sich regelrecht an ihnen fest.

»Wirklich tolle Leistung.«

Ich grinste unbeholfen und spürte, wie nervös ich wurde.

Pat war wirklich ausnehmend hübsch, sie besaß diesen irren Schlafzimmerblick, den ich schon immer unwiderstehlich fand, und ein Lächeln, das – so überlegte ich – eine Mischung sein mochte aus Arroganz und Lust an der Herausforderung. Ja, so wirkte es: Lust an der Herausforderung.

Und dass sie ihren Blick nicht von mir ließ, weiter in meine Augen starrte, als wollte sie darin vor Anker gehen oder hätte etwas Wichtiges in ihnen verloren, verriet mir, dass dieses unglaubliche Wesen gerade hemmungslos mit mir flirtete.

»Also ... hat's dir gefallen, ja?«, erwiderte ich stockend.

»Naja, ging so«, sagte Pat. »Aber dich fand ich toll!«

Ich schluckte. Die junge Dame nahm kein Blatt vor den Mund. Und schließlich bemerkte auch Hanna, was los war.

»Okay, verstehe«, sagte sie. »Ich schau mal, ob's in der Küche noch Weißwein gibt!« Und verschwand aus meinem Blickfeld, in welchem in den letzten Minuten ohnehin nur Pat eine Rolle gespielt hatte.

Anschließend war es bloß noch eine Frage von Sekunden, bis sich Pat und ich vollends aufeinanderstürzten.

Zunächst verbal: Unser Gespräch, in das wir bald vertieft waren, als gäbe es niemanden um uns herum, als wären wir Gäste auf einem unbewohnten Planeten und nicht auf einer überfüllten WG-Party, rankte sich um Tiere, Träume und Städte. Um den tiefsten Krater der Welt und um Meerespflanzen. Um Donald Duck und Jerry Lewis.

Wer wir selber waren, wo wir herkamen oder welchen Beruf wir ausübten, all das unwichtige Zeug ließen wir dagegen aus.

Wir kicherten, hingen uns an den Lippen, betrachteten uns neugierig, um nicht zu sagen gierig, mittlerweile auf dem verschlissenen WG-Sofa gelandet, in das wir mühelos hineinsackten.

Das Aufstehen war einfach zu anstrengend, also blieben wir noch sitzen, als unsere Gläser längst geleert und die meisten anderen Gäste verschwunden waren.

Da sich unsere Finger nun die ganze Zeit schon umspielten, die Blicke tiefer und die Worte weniger wurden, verschwamm alles um mich herum, auch ohne dass ich viel getrunken hatte. Mir reichte ihre Anwesenheit. Und in Bezug auf mich ging es Pat vermutlich nicht anders.

»Ich würd mich gern zurückziehen«, hauchte sie, nachdem wir eine Ewigkeit nichts gesagt, uns nur noch mit Blicken aufgesogen hatten. Und rutschte dicht an mich heran.

Erneut musste ich schlucken. Mein Herz pochte unregelmäßig und verwirrt vor sich hin.

»Wo übernachtest du?«, erkundigte ich mich, versuchte, möglichst cool dabei zu bleiben. Obwohl es im Innern selbstverständlich anders aussah.

»In Hannas Zimmer«, antwortete Pat. »Sie schläft heut bei Franz. Wir haben den ganzen Raum für uns ...«

Sie lächelte vielsagend, nahm mich bei der Hand, zog mich vom Sofa nach oben, und dabei merkte ich so ganz nebenbei, dass wir tatsächlich die einzig Verbliebenen im Wohnzimmer waren.

Die Musik spielte noch, doch der DJ hatte das Weite gesucht. Überall standen schmutzige Teller, Flaschen und Pappbecher herum, die dazugehörigen Leute waren nach Hause gegangen, ohne uns Bescheid zu sagen oder sich von uns zu verabschieden – oder hatten es getan, doch wir hatten es einfach nicht bemerkt.

Ich folgte Pat, die mich an der Hand führte, wie ein treuherziger Hund in den Flur, und sie öffnete langsam die mittlere Zimmertür. Sie stieß mich hinein und machte keine Anstalten, das Licht anzumachen.

Sie schlug die Tür hinter sich zu, und nun schimmerte bloß noch vom Fenster her Laternenlicht durch die Vorhänge in den Raum. Pat schubste mich an die Wand, schlang ihren Arm um meinen Hals und wuchtete mir ihre Zunge in den Mund.

Ihre Küsse waren gierig, fast aggressiv, sanft biss sie mir in die Lippen. Zerbrechlich wirkte sie nun gerade nicht mehr.

Ich riss ihr die Bluse über den Kopf, öffnete ihren Büstenhalter und streifte mein eigenes Hemd vom Körper. Ich schnappte nach Atem, diese Frau machte mich fertig. Es war lange her, dass ich ein Mädchen, dass ich eine Situation so erregend gefunden hatte. Sie öffnete – in nicht zu überbietender Langsamkeit – meinen Hosenschlitz, ohne ihren Blick von meinen Augen zu lassen, griff mit einem Ruck hinein und zog mich damit zum Bett.

Dort angekommen, warf sie mich umgehend auf die Matratze und stieg aus ihrer Hose. Der Schimmer der Straßenlaterne ließ einen Augenblick lang die Silhouette ihres nackten Traumkörpers vor mir aufleuchten, dann legte sie sich vollends auf mich.

Ich spürte ihren warmen, weichen Wahnsinnsleib auf mir, und ein wohliges Schaudern durchfuhr meine Glieder.

Sie näherte sich mit der Zunge meinem rechten Ohr, leckte leidenschaftlich an meinem Läppchen, was mir Gänsehaut verursachte, die meine Geilheit ins Unerträgliche steigerte.

Sie stöhnte, das erregte mich zusätzlich, und flüsterte mir ins Ohr: »Gib's mir, Muslim!«

Ich verstand nicht recht, glaubte, mich verhört zu haben.

»Was meinst du?«

»Gib's mir, Muslim!«, wiederholte sie, lauter, dringlicher. »Ich will, dass du mit mir sprichst – wie mit deinem Vater!«

Ich legte meine Stirn in Falten. Scheinbar hatte ich mich also nicht verhört.

»Was bitte?«, fragte ich ungläubig. »Mit meinem Vater?«

»Ja«, rief sie. »Wie mit deinem Vater im Film. Das war geil!«

»Ich weiß nicht, was du meinst!«, rief ich zurück.

Sie fuhr mit ihrem Gesicht über meinen Torso. Ich spürte, dass sie erregter wurde. Im Gegensatz zu mir.

»Schrei mich an!«, keuchte sie. »Beleidige mich! Behandle mich wie Dreck! Und dann will ich Kampfsprüche!«

Augenblicklich glitten meine Hände, die eben noch ihren Körper betastet hatten, von ihr herab, und meine Glieder verkrampften sich. Manche erschlafften auch.

»Was bitte?!«, wiederholte ich.

Sie krallte ihre Finger in meine Brust, und ihre Zunge umspielte meinen Bauchnabel.

»Kampfsprüche!«, stöhnte sie dabei. »Islamistische Kampfsprüche will ich! Sag sie mir: Allahu Akbar und so! Mit denen fickst du mich, okay?«

Ich schob sie von mir herunter, auf die andere Seite des Bettes, und setzte mich auf die Kante.

»Das meinst du nicht im Ernst, oder?«

Vorsichtig krabbelten ihre Finger von hinten über meine Schulter. Sie merkte, dass sie mich verunsichert hatte. Und versuchte, es wiedergutzumachen.

»Weißt du, in dem Film, ja?«

Sie senkte die Stimme.

»Da hast du mir tierisch gefallen. Ich fand dich wirklich scharf, so ... als Islamist.«

Ich drehte mich um und blickte sie an.

»Als Islamist?«

»Ja, ich... steh auf solche Typen«, flüsterte sie.

»AUF ISLAMISTEN?«

»Auf ... echte Kerle.«

»UND ECHTE KERLE SIND ISLAMISTEN?«

»Es ist ein Spiel, Mathias«, beschwichtigte sie und legte ihre Hand auf meine Schulter. »Ein ... Experiment, wenn du so willst.«

»Ein Experiment? Ich bin ein Experiment für dich?«

Ich war fassungslos. Und hatte dementsprechend keinerlei Lust, dieses dämliche Spielchen mitzuspielen.

»Das war ... eine Rolle, verstehst du? Ich hab einen ... einen Schwerverbrecher gespielt, der dreitausend Leute auf dem Gewissen hat... und so einen Kerl willst du bei dir im Bett haben?«

Sie blickte zu Boden.

»Natürlich ist mir das klar«, murmelte sie. »Natürlich hast du nur gespielt. Aber ...«

»Nichts aber!«, insistierte ich. »Ich hab mit dem Typen nichts zu tun! Und will es auch nicht! Schon gar nicht als Erfüllungsgehilfe deiner bescheuerten Fantasien!«

»Ist ja schon gut«, erwiderte sie widerwillig und lächelte unbeholfen. »Das ist halt schade. Sehr schade!«

Ich ließ meinen Blick auf ihrem nackten Körper ruhen und betrachtete sie, von oben bis unten.

Plötzlich kam mir dieses Wunderwesen gar nicht mehr so begehrenswert vor, im Gegenteil. Sie wirkte auf einmal scheu, einsam und traurig, wie sie da kauerte und mich seltsam entrückt anlächelte.

Und obwohl mich dieser Anblick einen kurzen Moment lang berührte, begriff ich: Ich war nicht der, den sie brauchte. Da waren wohl andere Kaliber nötig.

»Du hast recht«, erwiderte ich und stand auf. »Das ist es wirklich. Sehr, sehr schade.«

Ich zog mir die Hose hoch, suchte in der Dunkelheit mein Hemd, gab mir ebenfalls keine Mühe, das Licht anzuschalten, fand es und verließ das Zimmer – ohne mich von meiner Traumfrau verabschiedet zu haben.

# BOMBENSTIMMUNG

Es war das erste und letzte Mal, dass mich jemand bat, im Bett den Islamisten zu geben. Doch kurioserweise geriet ich seitdem häufiger in Verdacht, etwas ganz Ähnliches zu sein.

So erlebte ich ziemlich das Gegenteil meiner vorigen Geschichte ein Jahr später in einem Berliner Club, als ich mich mit einer jungen Frau unterhielt, die mich angesprochen hatte.

»Wo kommst du eigentlich her?«, fragte sie mich.

Ich antwortete: »Aus Kreuzberg.«

Sie: »Nein, ich meine ursprünglich?«

»Ach so: Hude. Hude bei Oldenburg.«

Sie lachte: »Nein, ich meine deine Herkunft. Also ethnisch.«

»Ethnisch? Naja, also mein leiblicher Vater ist Iraner und lebt auch dort.«

»Iran? Da herrscht doch der Islam, oder?«

Ich: »Ja, das stimmt.«

Sie: »Und deine Familie? Sind die auch Muslims?«

»Ja, das sind sie. Das lässt sich aber auch nicht vermeiden. Das vererbt sich. Automatisch. Und aussteigen kannst du da nicht.«

»Und du? Bist du auch einer?«

Ich lächelte verschmitzt und probierte einen Scherz: »Der Sohn eines Muslims ist selbstverständlich auch einer.«

Sie starrte mich an, als hätte ich mich soeben in einen Werwolf verwandelt.

»Verstehe«, sagte sie. »Sorry, ich muss mal ganz dringend.«

Ohne dass ich ansatzweise die Chance dazu bekam, meinen

kleinen Witz ins richtige Licht zu rücken, verschwand die junge Dame im Dunkel des Clubs – auf Nimmerwiedersehen.

Vor einiger Zeit kam ich darüber hinaus in den Verdacht, aufgrund meines Aussehens Kreditkarten zu stehlen.

An einer vollbesetzten Supermarktkasse zückte ich die meine, um mit ihr zu bezahlen. Ich unterschrieb die Quittung – mit der linken Hand (ich bin Rechtshänder), da ich mit der anderen die Einkäufe in die Tüte räumte, um meinen Nachfolgern schneller Platz zu machen.

Die Kassiererin musterte die Quittung und verglich die Unterschrift mit der auf meiner Kreditkarte, die sie noch in der Hand hielt.

»Das ist arabisch!«, diagnostizierte sie.

»Was?«

»Das, was Sie da geschrieben haben, ist arabisch! Auf der Kreditkarte steht eine deutsche Unterschrift!«

Ich seufzte. Wortlos kramte ich in der Tasche nach meinem Personalausweis, wo zusätzlich zu meinem Namen ja auch mein Lichtbild prangte, und hielt ihn ihr vor die Nase.

Nachdem sie den Ausweis ebenfalls aufmerksam studiert und wiederholt mit der Kreditkarte und meinem Gesicht verglichen hatte (die Leute in der Schlange wurden langsam unruhig), gab sie sich endlich zufrieden.

»Ist nur zu Ihrer und unserer Sicherheit«, setzte sie noch nach, als sie mir beide Karten zurückreichte.

Ich nickte resigniert und machte mich mit den Einkaufstüten kopfschüttelnd von dannen.

Wohlgemerkt: Ich spreche hier nicht von den unzähligen Bahn- oder Busfahrten, während derer ich von Grenzpolizisten zur Personenkontrolle hinausgebeten oder am besten gleich am Bahnhof abgefangen wurde – freilich ohne Angaben von Gründen. Bei so was geht es ja auch nur um die Sicherheit.

Und vielleicht liegt es bloß daran, dass ich beruflich oft allein unterwegs bin (was wahrscheinlich in meinem Fall per se schon mal verdächtig wirkt), mich mit Rucksäcken oder Koffern häufig an öffentlichen Orten herumtreibe – eben Bahnhöfen, Einkaufszentren, Flughäfen –, gerne auch bärtig, und sicherlich nicht immer in der Gegend herumlächle, um zu beweisen, dass es sich bei mir um einen guten Menschen handelt.

Das erste Mal, dass ich zu spüren bekam, was für eine Panik meine Anwesenheit auszulösen vermag, geschah in Tel Aviv, einer Stadt, in der bekanntermaßen die Gefahr eines Terroranschlags zum Alltag gehört – und das nicht erst seit dem elften September.

Ich war auf dem Weg zu Sebastian, einem Schulfreund von mir, der in Ramallah, der inoffiziellen Hauptstadt Palästinas, als Auslandskorrespondent für eine Berliner Zeitung arbeitete.

Ein paar Monate zuvor war PLO-Führer Arafat gestorben und hier beigesetzt worden, die stufenweise Räumung der israelischen Siedlungen im Gazastreifen begann, und die ersten demokratischen Wahlen in Palästina sollten just während meines Besuches vonstattengehen. Mit anderen Worten: Da unten schien gerade richtig was los zu sein.

Sebastian hatte mich während seiner »Fronturlaube« schon lange mal gebeten, zu ihm zu fliegen, da das kaum jemand anderes tat – die meisten seiner Freunde mieden einen Besuch auf »palästinensisch besetztem Gebiet« –, aus Angst vor Anschlägen.

Ich hatte keine Lust, mir ebenfalls Angst nachsagen zu lassen, obwohl ich auch nicht so ganz frei davon war. Also hatte ich mich für meinen nächsten Urlaub von ihm breitschlagen lassen.

Frühmorgens nach der Landung in Tel Aviv – ich war gezwungen, ein paar Stunden auf Sebastian, der mich abholen wollte, zu warten, weil die »Checkpoints« an der palästinensischen Grenze erst um 6 Uhr öffneten – merkte ich jedoch, dass diese Angst nicht nur unbegründet war, sondern sich ins Gegenteil umkehrte: Man hatte offensichtlich mehr Angst vor mir.

Um 4 Uhr morgens beging ich nämlich in der menschenleeren Ankunftshalle meinen ersten Fehler. Und den zweiten gleich dazu.

Ich entfernte mich von meinem Koffer – um mit meiner brandneuen Videokamera den wirklich wunderschönen, mit Palmen verzierten Flughafen abzufilmen. Das Ganze zwar bloß in einem Radius von vielleicht fünfzig Metern, aber das genügte augenscheinlich.

Als ich mich umwandte, weil ich aufgeregte Stimmen hinter mir vernommen hatte, stellte ich fest, dass mein Koffer von Polizisten umzingelt war.

Da ich mich rasch näherte und ihnen zurief, was sie denn da machten, warfen sie mich umgehend zu Boden, rissen mir die Kamera aus der Hand und schrien mir unverständliches Zeug zu.

Anschließend führten mich zwei von ihnen in einen dunklen Raum, genehmigten sich die Filmchen auf meiner Kamera, spulten immer wieder zurück, um sie von vorn anzuschauen, und verlangten nach meinem Ausweis, den ich ihnen zitternd überreichte – dessen Echtheit sie aber bezweifelten.

Der Jüngere, Glatzköpfige, wählte eine Nummer, gab die Daten meines Passes durch, legte auf und tippte eine weitere Nummer. Dieses Prozedere wiederholte er einige Male.

Dann wandte er sich mir wieder zu: Warum ich den Flughafen gefilmt hätte, wollte er auf Englisch wissen.

Ich gab ihm mit Schulterzucken zur Antwort: Weil er mir gefalle.

»Warum sind Sie in Tel Aviv?«, fragte er mit strenger Stimme.

»Ich besuche einen Freund«, antwortete ich.

»Geben Sie uns die Adresse dieses Freundes!«, forderte er barsch.

Diese Forderung aber brachte mich in Schwierigkeiten, da mir Sebastian nahegelegt hatte, zur Sicherheit niemandem in Tel Aviv etwas über meinen geplanten Aufenthalt in Palästina preiszugeben, weil das verdächtig wirken könnte.

Zunächst beteuerte ich also, weder dessen Adresse noch Telefonnummer zu kennen. Als die beiden ihre Fragen aber immer lauter, energischer und ungeduldiger wiederholten, gab ich schließlich entnervt zu, dieser würde in Ramallah leben.

Nun wurden die zwei erst recht nervös und fragten mich ganz direkt, ob ich denn Terrorist sei und einen Anschlag vorhätte.

Ich beteuerte, dies sei nicht der Fall – und nachdem sie mehrmals mein Gepäck untersucht und die Flughafen-Videos von meiner Kamera gelöscht hatten, begleiteten sie mich aus ihrem Büro und ließen mich zu meiner Überraschung in der Ankunftshalle allein.

Allerdings beobachteten sie mich während der restlichen Stunden, die ich auf Sebastian warten musste – bewegungslos auf einer Bank an meinen Koffer geklammert – von ihrem Bürofenster aus und traten hin und wieder aus ihrem Kabuff hinaus, um zu überprüfen, ob ich denn auch keinen Unfug anstellte.

So weit, so gut, die Ankunft war überstanden. Doch nach wundervollen, spannenden drei Wochen bei Sebastian in Ramallah trat ich an selbigem Flughafen die Rückreise an – mit nicht weniger Turbulenzen.

Zur Sicherheit hatte mich mein Kumpel bereits vier Stunden vor Abflug nach Tel Aviv gefahren, mich erneut »gebrieft«, nichts oder möglichst wenig über Aufenthalte »auf palästinensisch besetztem Gebiet« zu berichten, falls Sicherheitskräfte danach fragten.

Um mir notfalls bei Unstimmigkeiten zu helfen, blieb er vor dem Check-in noch eine Weile stehen, auch, als ich die Gepäckkontrollen schon passiert hatte.

Kurz darauf geschah es: Als Einziger der kontrollierten Fluggäste wurde ich zur Seite gebeten, um noch ein paar Fragen zu beantworten.

Ein freundlicher Polizist nahm meinen Reisepass entgegen und fragte mich auf Englisch nach meinem Beruf. Als er vernahm, ich sei Schauspieler, zuckte ein Lächeln über sein Gesicht, und er gestand, dass er nebenberuflich als Pantomime arbeite.

Daraufhin erkundigte er sich, wo überall ich denn auf meiner Israel-Reise gewesen sei.

Auf der Stelle, ich konnte nichts dagegen tun, trat mir Schweiß ins Gesicht, und ich log (wie mich mein Freund angewiesen hatte), dass ich mich ausschließlich in Tel Aviv aufgehalten hätte, nur für einen Tag kurz nach Ramallah hinübergefahren sei.

Ich spürte, dass es ihm schwerfiel, mir das zu glauben, und er mich plötzlich skeptisch musterte.

Welche Sehenswürdigkeiten Tel Aviv denn besitze, wollte er mit ernster Miene wissen. Ob ich Eintrittskarten vorlegen könnte, etwa von Museen, Synagogen oder Theatern. Wo genau ich in der Stadt denn gewohnt und ob ich Belege dafür hätte?

Stotternd trug ich ein paar Sehenswürdigkeiten vor, die Sebastian mir genannt hatte, und beteuerte, Belege dafür weggeworfen zu haben.

Und da ich mitbekam, dass es wohl mein tendenziell »arabisches« Aussehen war, welches mein israelisches Gegenüber irritierte, verwies ich zur Unterstützung auf meinen blonden Freund, der sich zum Glück immer noch vor dem Check-in aufhielt.

Dort stattete der Pantomime-Polizist ihm dann auch einen Besuch ab, unterhielt sich angeregt mit ihm und kam sichtlich verstört zurück.

Ich folgerte, dass er Sebastian die gleichen Fragen gestellt hatte wie mir, und der – da wir uns wahrscheinlich nicht ganz so exakt abgesprochen hatten, wie wir das hätten tun sollen – hatte vermutlich Antworten gegeben, die von meinen abwichen!

Verfluchte Scheiße, dachte ich. Wenn ich nur wüsste, welche? Und auf welche Fragen überhaupt?

Der Pantomime-Polizist zog sein Handy aus der Tasche, führte eine Reihe von Telefonaten, und plötzlich war ich mal wieder umringt von Sicherheitskräften, die mich in einen separaten Raum führten (wie viele solcher Räume, Herrgott nochmal, besaß denn dieser Flughafen?).

Sie ließen mich alles bis auf die Unterhose ausziehen, zerwühlten mein Gepäck und verhörten mich die nächsten zwei Stunden, in denen sie bei ihren stets sich wiederholenden Fragen immer dieselben Antworten von mir erhielten:

Wie viele Tage ich mich denn nun in Ramallah aufgehalten hätte? (Einen.) Ob mir jemand dort etwas gegeben hätte? (Nein.) Wo ich es versteckt hätte? (Nirgendwo.) Ob ich einen Terrorakt vorhätte? (Kopfschütteln.) Wie mein richtiger Name sei? (Der, welcher auf dem Pass steht.)

Sie zeigten mir Fotos von finster dreinblickenden arabischen Männern und fragten mich, ob ich sie kennen würde. Ich verneinte, und das auch noch, als sie mich das drei Mal gefragt hatten.

Ich versuchte, so gut es ging, ihren stoischen Einschüchterungsversuchen standzuhalten, verhedderte mich jedoch mehr und mehr in meinen Aussagen, und mein Gehirn fühlte sich zunehmend weicher an als eine faule Birne: Was hatte ich kurz zuvor denn noch gesagt? Stand das nicht im Widerspruch zu dem, was ich da im Augenblick gerade erzählte?

Die ganze Situation wurde mir zunehmend unangenehmer, ich bekam Angst, fast eine Angstattacke – längst ging es nicht mehr um den Flieger, den ich vielleicht verpassen würde, es ging darum, hier überhaupt noch heile herauszukommen!

Irgendwann war es so weit: Ich knickte ein und gab zu, bei der Anzahl der Tage, die ich in Ramallah verbracht hatte, gelogen zu haben – aber nur, so gab ich zu verstehen, weil ich solchen Situationen, wie ich sie gerade erlebte, eigentlich aus dem Weg hatte gehen wollen.

Der Pantomime-Polizist betrachtete mich mitleidig. Vermutlich war es Solidarität unter Künstlern, die ihn sich zu mir beugen und in mein Ohr flüstern ließ, welche Antwort ihm denn mein Freund auf welche Frage gegeben habe – nämlich, dass wir in Ramallah nicht einen, sondern zwei Tage gewesen seien.

Irgendwann, als die Sicherheitskräfte begriffen hatten, dass von einem harmlosen Schauspieler wie mir keine Terrorabsicht ausging, ließen sie von mir ab. Ich durfte meinen Koffer einpacken, mich vollständig anziehen und endlich wieder die Freiheit des Flughafens genießen.

Fast in Trance und noch völlig paralysiert lief ich durch die Halle meinem Flieger entgegen und konnte ihn gerade noch erwischen.

Ein paar Wochen später erfuhr ich aus der »Tagesschau«, dass sich vor einer Diskothek in Tel Aviv ein palästinensischer Selbstmordattentäter in die Luft gesprengt und mehrere junge Menschen mit in den Tod genommen hatte.

Verständlich also die Reaktion der Israelis, bei einem dubiosen Typen wie mir sicherheitshalber erst einmal Alarm auszulösen, auch auf die Gefahr hin, dass das ein wenig paranoid wirken könnte.

Aber diese Paranoia scheint mittlerweile auch nach Deutschland übergeschwappt zu sein.

Hier spielte sich nämlich mein jüngstes Erlebnis der dritten Art ab, wenige Tage nach den Pariser Anschlägen vom November 2015, als ich in Braunschweig gedankenverloren durch ein Einkaufscenter schlenderte. Kurioserweise fiel das ausgerechnet in eine Zeit, in der ich diese Sache mit der Hipster-Mode mal ausprobieren wollte und mir einen dichten, dunklen Rauschebart hatte wachsen lassen.

Im Erdgeschoss kam ich an einem öffentlichen Massagesitz vorbei und beschloss spontan, da ich noch etwas Zeit hatte, mich hineinzufläzen und meinen Rücken mal so richtig durchwalken zu lassen. »Vier Minuten ein Euro« stand auf dem zugehörigen Automatenkasten, und »Zehn Minuten zwei Euro«.

Ich legte meine Jacke und Tasche neben den Sitz, setzte mich und warf zwei Euro in den Automaten.

Dann schloss ich die Augen und erwartete entspannt die wohltuenden Noppen, welche meinen Rücken die nächsten zehn Minuten entlangfahren würden.

Doch es passierte nichts. Rein gar nichts.

Die folgenden Minuten geschah ebenso wenig, aber ich hatte mich schon dermaßen auf die Massage eingestellt, dass ich seufzend in meinem Portemonnaie kramte, mich zur Seite wandte und einen weiteren Euro in den Kasten warf.

Anschließend lehnte ich mich erneut mit geschlossenen Augen zurück. Aber Pustekuchen. Wieder passierte herzlich wenig.

Außer, dass ein unangenehmer Geruch in meine Nase drang. Und eine Frau neben mir zu kreischen begann.

Ich fuhr hoch, blickte zur Seite und entdeckte, dass der holzverkleidete Automat, in den ich doch gerade noch Geld gesteckt hatte, Feuer gefangen hatte.

Ich sprang auf, riss in einer einzigen Bewegung Jacke und Tasche an mich und versuchte, so schnell wie möglich aus dem Center herauszukommen. Wer wusste denn, was sich hier noch alles entzünden würde?

Doch nach wenigen Metern packte mich jemand am Arm,

und das ziemlich brutal: »Nicht so schnell, mein Freundchen! Hiergeblieben!«

Es war ein wahrer Hüne von einem Security-Menschen, der sich da mit beiden Händen in meinem Fleisch festkrallte und mit entsetztem Gesichtsausdruck beobachtete, wie andere Sicherheitskräfte von der kreischenden Sirene des Feueralarms begleitet mehrere Feuerlöscher betätigten, um den ominösen Automatenbrand schnell zum Verglimmen zu bringen.

Das bewerkstelligten sie zum Glück ziemlich rasch, sodass die Panik, die um meinen Massagestuhl herum kurz aufgeflackert war, sich ebenso rasch wieder legte.

Doch verfolgte ich innerhalb meiner noch immer ungemütlichen Position – den Oberarm fest im Griff dieses Sicherheitstypen –, wie einer der Mitarbeiter per Handy die Feuerwehr verständigte und die Polizei gleich dazu, die – so folgerte ich – vermutlich einige Dinge von mir wissen wollen würde.

Bis diese einträfe, befahl der Security-Hüne, sollte ich ihm zunächst einmal ins Center-Management folgen, das sich hinter einer Seitentür der Passage im zweiten Stockwerk befand, wo er an einem Schreibtisch zusammen mit einem Bogen Papier mir gegenüber Platz nahm, sich vorlehnte und stellvertretend für die Polizei mir schon mal ein paar Fragen stellte: Wozu ich denn den Automaten in Brand gesteckt hätte, und ob das ein Terrorakt gewesen sei.

Ich musste lachen, weil mir die Situation und seine Fragen vollkommen absurd vorkamen.

Doch daraufhin wurde sein Ton schärfer: Das wäre nicht witzig, und das Ganze würde ernste Konsequenzen für mich haben, wenn sich herausstellen sollte, dass ich den Brand gelegt hätte!

Endlich traf die Polizei im Management ein. Mittlerweile wäre mir jedes noch so unangenehme Kreuzverhör lieber gewesen, als weiter den dämlichen Anschuldigungen dieses aufgeplusterten Muskelspielers ausgesetzt zu sein, dem man scheinbar ohnehin nichts erklären konnte.

Einer der Beamten fragte mich nach meinem Personalausweis – darauf hätte der bescheuerte Hüne ja schon mal selber kommen können –, hörte sich meine Version der Geschichte an und stellte zusammen mit einem der Feuerwehrleute fest, die zusammen mit den Polizisten ebenfalls das Büro betreten hatten, dass es sich bei dem Brand um einen technischen Defekt, um einen Kurzschluss gehandelt habe, der zwar selten vorkäme, doch bei keinem elektrischen Gerät vollkommen auszuschließen sei.

Die Beamten entschuldigten sich bei mir vielmals für die Unannehmlichkeiten, die ich wegen dieser Sache gehabt hätte (selbst der Hüne grummelte etwas in seine Jacke, als er mir zum Abschied die Hand reichte), und mit freundlichen Worten wurde ich endgültig aus dem Center-Management-Büro entlassen. Von einer mitfühlenden Sekretärin im Vorzimmer bekam ich dann noch als Entschädigung zwei Freimarken für den Massagestuhl überreicht – die ich aber aus nachvollziehbaren Gründen bis heute noch nicht eingelöst habe.

# AUFERSTEHUNG DER TOTEN

»Ich muss reden mit dir«, rief Mohsen und stopfte sich sein Hemd in die Hose, das ihm der kleine Marius beim Herumtollen herausgerissen hatte.

Er warf sich aufs Sofa, mit hochrotem, erhitztem Kopf, keuchte dabei wie ein Hochleistungssportler nach einem unmenschlichen Wettkampf, stieß aber hin und wieder ein zufriedenes Lachen aus, das mir signalisierte, dass mein wilder Junge seinen siebzigjährigen Opa nicht vollends zertrümmert hatte.

Wenn Mohsen lächelte, breitete sich die immense Kartoffelnase fast über die Wangen aus, was ich teils fasziniert, teils sorgenvoll beobachtete (schließlich war meine Nase auch nicht gerade klein, und seine bildete einen Vorgeschmack auf das, was mit meiner wohl im Alter passieren würde).

Seine Augen glänzten entrückt, und er schlug mir kumpelhaft mit der flachen Hand auf mein Knie.

Dann rutschte er unruhig auf dem Sofa herum, als würde ihn etwas zwicken, wand sich, schien vermutlich darüber nachzudenken, wie er das, was er sagen wollte, am besten formulierte. Und ich wartete gespannt darauf, was mir mein Erzeuger denn so Wichtiges zu berichten hatte.

Mohsen Lashgari, der weißhaarige Mann, der da vor mir saß, mit Schnurrbart, Katzenaugen und Boxer-Physiognomie, weilte zum ersten Mal in Deutschland, seit er mich vor über vierzig Jahren in die Welt gesetzt und gemeinsam mit meiner leiblichen Mutter wegzugeben entschieden hatte, bevor er zu seiner Verlobten und Familie in den Iran zurückgekehrt war.

Von seiner zweijährigen Zeit in der Bundesrepublik, die er

mir gegenüber als die schönste seines Lebens bezeichnete, war vor allem eine gehörige Portion Sprachkenntnis übriggeblieben, die es uns erlaubte, Hände und Füße beim Reden weitestgehend unbenutzt zu lassen und das Wörterbuch nur gelegentlich zu zücken.

Um selbst etwas Persisch zu lernen, war ich bisher zu faul gewesen. Auf meinen zahlreichen Iran-Reisen hatte ich immer wieder etliche Brocken davon aufgesogen, doch zu Hause mangels Anwendung sofort wieder vergessen.

Das erste Mal hatte ich mich vor acht Jahren in jenen Mullah-Staat gewagt, nach Teheran, zu meiner damals völlig unbekannten, leiblichen Familie.

Mitte dreißig war ich zu diesem Zeitpunkt gewesen – also nicht mehr ganz in dem Alter, in welchem das Thema Papa und Mama noch eine große Rolle spielen sollte.

Aber so lange hatte es wohl dauern müssen, bis ich in der Lage dazu war, die große »Unvollendete« in meinem Leben, meine Herkunft, in Angriff zu nehmen.

Und das auch nur, weil sich zunehmend das Gefühl in mir breitgemacht hatte, dass sich viele Dinge, mit denen ich tagtäglich zu kämpfen hatte, ausschließlich um sie rankten.

Es wurde eine Reise mitten hinein in die Möglichkeit eines anderen Lebens, einer anderen Biografie und in das Abenteuer, Menschen kennenlernen zu dürfen, die nicht nur aussahen und sich ähnlich verhielten wie ich, sondern zu allem Überfluss auch noch genetisch verwandt mit mir waren – eine Erfahrung, die ich in meinem bisherigen Leben nie gemacht hatte.

Die vierwöchige Iran-Tour öffnete verschlossene Kanäle in mir, wühlte mich vollständig auf und ließ mich gleichsam zur Ruhe kommen.

Seitdem war ich Stammgast im Iran – wenn ich Zeit fand, fast jedes Jahr in diesem zauberhaften, elektrisierenden Land.

Ich lernte die Kultur kennen, den schiitischen Glauben – für große Teile meiner Familie von entscheidender Bedeutung –, die sagenumwobene, faszinierende Geschichte Persiens und des noch jungen Irans, die Mentalität der Menschen, die an Höflichkeit und Gastfreundschaft nicht zu überbieten war, und die komplizierten Regeln des Zusammenlebens, die teilweise staatlich verordnet waren und sich teilweise auch gesellschaftlich entwickelt hatten.

Und nun, nach vielen Jahren meiner einseitigen Besuche, war es so weit: Mein leiblicher Vater, mit dem ich mich auf eigenartige Weise mehr und mehr angefreundet hatte, reiste für einen Monat zu mir nach Berlin, wo ich mittlerweile seit geraumer Zeit lebte.

Doch nicht nur ich war der Grund seines Besuches, es gab noch einen zweiten, und der war kaum achtzig Zentimeter groß: Marius. Mein zweijähriger Goldschatz. Mein Ein und Alles.

Als ich Mohsen am Telefon von seiner Geburt berichtet hatte, war er in Freudentränen ausgebrochen, ganz wie bei unserem allerersten Telefonat, mit seinem verlorenen Sohn an der Strippe, an dessen Findung er schon nicht mehr geglaubt hatte.

Ab diesem Zeitpunkt, Marius' Geburt, setzte er alles daran, seinen Enkel in Deutschland kennenzulernen.

Und als es endlich so weit war, nach etlichen Behördengängen, einer Vielzahl hin- und hergeschickter Ausweis-Kopien, Auslands-Einladungen und Visa, war ich stolz, die beiden miteinander herumalbern zu sehen, wie sie da auf dem Boden tollten und ihre Späßchen trieben.

Kurioserweise sahen sie sich ähnlich. Und besaßen offensichtlich auch einen ähnlichen Humor.

Doch nun, da Mohsen mir gegenüber auf dem Sofa saß und sein erhitzter Atem sich allmählich beruhigte – Sonia hatte sich mit dem Kleinen zurückgezogen, um ihn ins Bett zu bringen –, wurde er auf einmal ernst, und das sonst so zufriedene Lächeln wich für einen Augenblick aus seinem Gesicht.

»Ich muss dir sagen etwas«, bekräftigte er, und langsam fragte ich mich, warum er es bloß so spannend machte – und das, obschon ich doch mittlerweile wissen sollte, dass er einen ausgesprochenen Sinn für Dramatik besaß.

Schließlich hatte er in Teheran ein paar Jahre als Schauspieler gearbeitet – der Apfel fiel da nicht weit vom Stamm.

»Ich habe dir erzählt ... bei deiner ersten Reise ... von deiner Mutter«, sagte er stockend.

Kaum hatte er das letzte Wort über die Lippen gebracht, fuhr mir augenblicklich ein dicker Kloß in den Hals. Auf dieses Thema war ich nicht vorbereitet. Ganz und gar nicht. Obwohl ich es eigentlich hätte sein müssen.

Es hätte mir klar sein sollen, dass Mohsen bei seinem ersten Besuch in der Vergangenheit auch genau in dieser herumwühlen würde – letztendlich saß diese Vergangenheit in Mensch gewordener Form ja auch gerade vor ihm.

»Und?«, fragte ich, setzte mich aufrecht, das Kinn nach vorn gereckt, bereit, den Stier bei den Hörnern zu packen. »Was willst du mir über die Frau ERZÄHLEN, die verantwortlich dafür ist, dass ich auf die Welt gekommen bin?«

Ich war überrascht, tatsächlich dieselbe Formulierung zu wählen wie meine Adoptivmama, als ich fünf Jahre alt gewesen war.

Er räusperte sich, ruckelte wieder unruhig auf dem Sofa hin und her. Dann blickte er mich an.

»Ich habe dir gesagt, Mathias, das Letzte, was ich von ihr hörte, war: Sie ist tot. Jung gestorben. Das ... das war nicht richtig.«

Meine Kehle schnürte sich zusammen, in meinem Kopf begann es plötzlich zu summen.

»Ich wollte nicht, dass du sie lernst kennen«, sagte Mohsen, und ich hatte das Gefühl, er spräche durch einen Trichter. »Ich hatte Angst, dass dich das macht traurig oder du bist ... entsetzt.«

»Entsetzt?«, stieß ich hervor. Was stammelte dieser Typ denn da?

»Was meinst du damit?«, rief ich. »Was willst du mir eigentlich sagen?«

Ich spürte, wie mein Atem hektischer wurde und mein Herzschlag sich vervielfachte.

Mohsen blickte zu Boden.

»Sie ist ... sie lebt«, sagte er und haftete seinen Blick am Parkettboden fest.

Endlose Sekunden herrschte Stille im Raum, nur vom Schlafzimmer drang leise das Flüstern der Gute-Nacht-Geschichte zu uns herüber, die Sonia dem kleinen Marius vorlas.

Ich konnte nichts antworten, war für einen Moment ausgeknockt, paralysiert.

Ich fühlte mich verrutscht, ein Stück neben mich gerutscht, wie in einem realitätsnahen Traum, bei dem man sich nicht sicher ist, ihn nicht vielleicht gerade tatsächlich zu erleben.

»Sie ... lebt?«, ploppte irgendwann aus meinem Mund. »Meine Mutter ... LEBT?«

Mohsen nickte, unendlich langsam, ohne seinen Blick vom Boden zu erheben.

»Ja«, sagte er. »Sie lebt. Sie lebt in Oldenburg. Nicht weit von deinen Eltern.«

»Sie lebt?«, wiederholte ich.

Vermutlich tauchte mein Hirn erst nach und nach wieder in der Wirklichkeit auf.

»Du hast mich ... angelogen? Warum hast du das getan?«

Mohsen schüttelte den Kopf, dabei ansehen konnte er mich nicht. Ich knallte die Hand auf meine Stirn, als wäre mir augenblicklich etwas klargeworden.

»Ich hab geglaubt«, rief ich, »meine Mutter ist tot ... jahrelang ... weil du es mir gesagt hast ...«

Mühsam versuchte ich, meine Gedanken zu ordnen, ganz einfach war das nicht.

»Und jetzt sagst du auf einmal: Ätschibätsch, stimmt nicht, sie ist putzmunter und hat jahrelang in meiner Nachbarschaft gelebt?«

Ich merkte, dass Mohsen dieses Gespräch zunehmend unangenehmer wurde. Doch da musste er jetzt durch.

»Ich habe sie ... habe sie angerufen«, sagte er. Und hob endlich seinen Blick: »Wir werden sie besuchen.«

»DU wirst sie besuchen!«, rief ich und merkte, wie der Kloß, dieses taube Gefühl in meinem Hals, sich langsam in Wut verwandelte. »Du hast sie sterben lassen, also war sie tot für mich! Sie ist tot! Und das wird sie immer bleiben!«

Ich sprang auf und lief aus dem Wohnzimmer, erreichte nach zwei Riesenschritten die Küche und zog die Tür hinter mir zu.

Ich trat ans Fenster und öffnete es. Ließ die Geräusche der Stadt in die Wohnung, das Rauschen des Autoverkehrs, die surrende Straßenbahn, das Grummeln der Fußgänger.

Ich lehnte mich ins Freie und atmete tief, ganz tief ein.

Mein Gott, fuhr es mir durch den Kopf. Warum habe ich nur zugelassen, dass mich der Typ hier besucht? Warum habe ich zugelassen, dass er in mein Leben dringt?

Im Iran war es etwas anderes, da war ich als Tourist ohnehin im Ausnahmezustand. Da gab es nicht nur meinen »Vater«, meine leibliche Familie, da gab es so viele andere Dinge, die mich mit einem anderen Ich konfrontierten, nämlich meinem »Reise- und Entdeckungs-Ich«.

Doch hier in Berlin? In Deutschland?

Hier hatte ich mein Leben aufgebaut, meinen Alltag, eine eigene Familie. Und jetzt kam da dieser Kerl, wirbelte alles auf, was ich längst dachte, hinter mir gelassen zu haben.

Mit einem Satz, mit einem einzigen Satz dieses hirnrissigen Typen war alles wieder da. Und warum? Bloß, weil er selbst etwas zu bereinigen hatte, mich in seinen lächerlichen Läuterungskosmos aus Lügen und Beteuerungen hineinziehen wollte. Und rotzfrech zwingen wollte, mich einer Sache zu stellen, mit der ich längst abgeschlossen hatte.

Ich spuckte aufs Pflaster und schüttelte den Kopf.

»Verdammt!«, rief ich und schlug mit der Hand auf das Fensterbrett. »Werde ich das alles denn NIE los?«

»Doch«, vernahm ich plötzlich eine Stimme hinter mir.

Ich wandte mich um. Es war Sonia, die unbemerkt in die Küche getreten war.

»Ich hab gehört, was ihr geredet habt!«, sagte sie.

Sie wanderte vorsichtig auf mich zu, legte ihre Hand auf meine Schulter und flüsterte: »Das ist deine Chance, Mathias. Deine Chance, es loszuwerden!«

Sie hob ihre Stimme: »Fahr hin, besuch sie! Entdecke, dass sie auch nur ein Mensch ist. Und dann komm zurück, und leb dein Leben weiter.«

Ich betrachtete Sonias blonde, schulterlange Haare, die riesigen Augen, den wohlgeformten Körper, legte ihr sanft die Hand von meiner Schulter und hielt sie mit meinen Fingern fest.

Dann drehte ich mich erneut zum Fenster, starrte hinaus. Und seufzte. Weil sie verflucht recht hatte.

# CURRYWURST IM VOLVO

Sie wartete am Bahnhof auf uns, telefonisch hatte ich ihr unsere Verspätung mitgeteilt.

Insgesamt wirkte sie muskulös, doch die nackten Arme knochig. Auf den ersten Blick mutmaßte ich: Marathonläuferin, obwohl mir nicht bewusst war, wie ich darauf kam.

Ihre dünnen Wangen waren eingefallen, das brünette, strohige Haar fiel den Rücken hinab. Sie mochte vielleicht fünf Jahre jünger sein als ich, mehr auf keinen Fall.

Sicher hätte ich sie nicht als Verwandte von mir erkannt, wenn sie nicht lachend auf Mohsen und mich zugeeilt wäre, sobald wir das Bahnhofsgebäude verlassen hatten.

»Ich bin Nadja, Nadja Glienicke«, stellte sie sich mir vor, nachdem sie Mohsen mit einem Händedruck begrüßt hatte, und umarmte mich hölzern. »Deine Cousine!«

Sie ließ von mir ab und betrachtete mein Gesicht.

»Wie auf den Fotos!«, stellte sie fest. »Genau wie auf den Fotos! Du hast die Glienicke-Stirn, wie alle Glienickes!«

Sie wies auf ihre eigene.

»Siehst du, ich hab sie auch! Alle bei uns haben sie, die hohe Stirn, die diesen unverwechselbaren Eierkopf macht!«

Sie lachte und warf ihren Kopf in den Nacken. Ich bemühte mich, mitzulachen.

»Deine Mutter wartet schon mit Kuchen auf euch!«, fuhr sie fort. »Wie war die Fahrt?«

Sie führte uns zu ihrem Auto, das sie vor der benachbarten Post geparkt hatte, und ich berichtete von unserer albtraumhaften Reise Richtung Oldenburg, die wir gerade überstanden hatten. Und deren Folgen uns noch in den Knochen lagen.

In Delmenhorst, zwei Stationen vor unserem Ziel, war der IC plötzlich wegen einer »Bombendrohung«, wie es offiziell hieß, auf der Strecke evakuiert worden.

Im strömenden Regen, auf dem heillos überfüllten Bahnhofsvorplatz, warteten wir eine geschlagene Stunde auf den Schienenersatzbus, bevor der uns schließlich in Wüsting, eine Station vor Oldenburg, wieder auf die Bahnstrecke entließ.

Dort stellten Mohsen und ich zu unserem Entsetzen fest, dass sich sein Koffer, in dem Geschenke und Wertsachen lagerten, nicht im Gepäckfach befand.

»Wo ist Koffer?«, rief Mohsen. »Koffer nicht da!«

»Keine Ahnung, ich weiß es nicht!«, wiegelte ihn der Busfahrer ab, der den Koffer vor Antritt der Fahrt wie alle anderen Gepäckstücke eigenhändig hatte verstauen wollen. »Ich hab keine Zeit, muss die nächste Fuhre abholen!«

»Aber Koffer!«, schrie ihm Mohsen entgegen.

Ich hatte Mühe, ihn zu beruhigen, und versuchte, mich beim Busfahrer – den die Ersatzverkehr-Situation offensichtlich überforderte – zu erkundigen, was wir denn im Fall eines verlorenen Gepäckstücks machen könnten.

Doch bevor ich meine Frage zu Ende stellen konnte, fuhr er Mohsen an: »Denken Sie, ich hab nichts Besseres zu tun, als mich um Ihren Koffer zu kümmern? Falls Sie's noch nicht begriffen haben: Hier gab's 'ne Bombendrohung, verdammt! Und wegen wem? Wegen Leuten wie Ihnen, die unsere Gesellschaft nicht akzeptieren und uns alle am liebsten in die Luft jagen würden!«

Nur mit Mühe konnte ich Mohsen abhalten, sich auf ihn zu stürzen – am liebsten hätte ich das allerdings selber getan.

»Komm, Mohsen, es hat keinen Sinn«, versuchte ich, ihn zu

beschwichtigen, während ich ihn aus dem Bus zog. »Wir finden deinen Koffer, keine Sorge, wir finden ihn!«

Kaum waren wir draußen, rastete die Tür ein, und der Bus sauste fort.

Während wir ihm fassungslos hinterherschauten, konnte ich auf der Heckseite immerhin den Namen der Firma ausmachen und ihn in meinem Gehirn notieren.

»Scheiße, Mensch«, hatte Mohsen geflucht, während wir zusammen auf den Bahnsteig getreten waren. »Darum ich bin vierzig Jahre nicht gekommen hierher!«

Nadja quittierte die Geschichte mit entsetztem Kopfschütteln, während sie die Beifahrer- und Hintertür ihres silbergrauen Volvos öffnete und mit der Hand ins Innere wies.

»Es gibt schon echt Idioten auf dieser Erde! Und? Hast du die Firma angerufen?«

»Selbstverständlich«, antwortete ich, während ich auf dem Beifahrersitz Platz nahm, da Mohsen, der den Rest der Bahnfahrt ungewohnt schweigsam gewesen war, sich bereits auf den Rücksitz verkrümelt hatte. »Ich hab ihnen gesagt, dass ich den Typen wegen Beleidigung verklagen werde! Wenn nicht gar wegen Diebstahls!«

»Richtig so«, nickte Nadja und wechselte das Thema. »Ich bin so glücklich, dich kennenzulernen!«

Sie strahlte mich an.

Dann drehte sie ihren Zündschlüssel und fuhr an die Kreuzung heran.

»Du ahnst ja nicht, wie oft wir von dir gesprochen haben – und dass wir dich endlich mal anrufen sollten!«

»Ja, ich … ich freue mich auch!«, erwiderte ich, weil ich dachte, dass sie das hören wollte – obwohl ich gerade viel mehr darüber verwundert war, dass man in dieser unbekannten Familie scheinbar nicht nur Fotos von mir besaß, sondern auch schon längere Zeit meine Telefonnummer. Und ergänzte wahrheitsgemäß: »Ich freu mich … hier in Oldenburg überhaupt angekommen zu sein!«

Nadja lenkte ihren Volvo auf die Hauptstraße, raste an der großen Versicherung vorbei, am alten Kino und dem Eingang der Fußgängerzone.

Nach einer Weile beugte sie sich zu mir, doch ohne den Blick auf die Straße zu verlieren.

»Vielleicht sollte ich dir vorab ein paar Dinge erklären, Mathias«, sagte sie, und ihre Stimme klang plötzlich bedächtig. »Es könnte sein, dass dich sonst einiges erschreckt. Ich weiß nicht … ob du weißt, dass deine Mutter behindert ist. Und ihre Zwillingsschwester, meine Mutter, auch.«

Ich nickte langsam. Das hatte mir Mohsen erzählt. Damals, als er mich davon überzeugen wollte, dass sie tot sei.

Ich drehte mich zu ihm nach hinten. Er schien von unserem Gespräch nichts mitzubekommen, starrte gedankenverloren aus dem Fenster, die Sache mit dem Koffer nagte wohl an ihm. Wer wollte ihm das verdenken.

»Die beiden kamen behindert auf die Welt«, fuhr Nadja fort. »Weil ihre Mutter an der Niere erkrankt war während der Schwangerschaft. Das führte dazu, dass sie geistig auf dem Stand eines Kleinkindes geblieben sind. Sie konnten nie einen Beruf ausüben. Und ihren Haushalt führen konnten sie auch nie. Naja, zudem ist ihr Vokabular … sagen wir, ein wenig beschränkt.«

Ich spürte, wie es in meinem Magen zu grummeln begann. Stand es wirklich so schlimm um meine Mutter? Das hatte ich nicht gewusst. Dass sie »geistig auf dem Stand eines Kleinkindes« sein sollte, hatte mir Mohsen nicht erzählt. Nicht einmal angedeutet.

»Aber dafür bin ich ja da!«, lachte Nadja, einen Tick zu laut, vermutlich, weil sie merkte, wie konsterniert ich auf ihre Erzählung reagierte. »Ich kümmere mich um die beiden. Ich wohne bei ihnen, koche für sie, putze. Solange ich noch keinen Mann habe, geht das!«

Sie gluckste und bog auf eine Seitenstraße.

»Das … das finde ich toll von dir!«, zollte ich ihr meinen Respekt. Schmunzelnd winkte sie ab.

»Halb so schlimm«, erwiderte sie. »Hab eh nichts Besseres zu tun.« Sie wurde wieder ernst.

»Das ist nicht das Einzige, was du wissen solltest. Deine Mutter hat noch einen Sohn. Holger. Dein Bruder, also Halbbruder. Ein Jahr jünger als du. Er ist ebenfalls behindert, aber aus anderen Gründen. Bei seiner Geburt hat die Nabelschnur seinen Hals stranguliert und die Sauerstoffzufuhr fürs Gehirn verhindert. Dafür reichten Sekunden. Er lebt seit seiner Jugend in einer Behindertenunterkunft und arbeitet auch da. Dann gibt es noch Denise, deine Schwester, die meidet seit Jahren den Kontakt zu ihrer Mutter. Das hat was mit ihrem Vater zu tun – dem Typen, den deine Mutter geheiratet hat und der vor ein paar Jahren gestorben ist. Der war – gelinde gesagt – ein Arschloch, Alkoholiker, Rassist, ein richtiges Ekelpaket. Er hat seine Frau permanent verdroschen, und die Kinder noch dazu. Holger hat sich dagegen nicht wehren können, und Denise hat es getan, indem sie mit fünfzehn abgehauen ist, jahrelang auf der Straße oder in Heimen gelebt hat und heroinabhängig wurde. Mit anderen Worten: Sei froh, dass du weggegeben worden bist!«

Ich hätte diese Currywurst nicht essen sollen, am Bahnhof in Delmenhorst, während wir auf den Ersatzverkehr gewartet hatten. Die lag mir schon bei der Busfahrt schwer im Magen, und bei dem Vorfall mit dem Fahrer war sie mir das erste Mal übel aufgestoßen. Doch nun, während Nadja im Eiltempo nette Dinge über die Vergangenheit und die Familie meiner leiblichen Mutter vor mir ausbreitete, spürte ich, dass diese Wurst in meinem Bauch ein Eigenleben zu führen begann und langsam wieder die Speiseröhre erklomm.

»Können wir mal kurz anhalten?«, fragte ich Nadja. »Ich … muss ganz dringend!«

»Gern, aber wir sind auch gleich da!«, antwortete sie, hielt aber trotzdem Ausschau nach der nächsten Parkmöglichkeit.

Sie hielt gegenüber dem Eingang zum Schlosspark, ich riss die Beifahrertür auf und eilte in den nächsten Busch, um mich dort zu übergeben.

Als nichts mehr in mir war, was den Weg nach draußen hätte antreten wollen, verharrte ich einen Moment in gebückter Stellung und überlegte. Dieser Tag überforderte mich. Eindeutig.

Ich fühlte mich überrannt, vergewaltigt, vor den Kopf gestoßen. Schließlich war ich nur Mohsen zuliebe hier, der mich jahrelang angelogen hatte und nun auf wohlbekannte Art zwang, mich einer »Familie« zu stellen, die mich nicht hatte haben wollen.

Eigentlich war die Sache mit dem Koffer bereits ein Wink gewesen. Ein Wink, dass diese Fahrt nach Oldenburg ein einziger Griff ins Klo werden würde. Dass es wahrscheinlich besser gewesen wäre, zu Hause in Berlin zu bleiben.

Wollte ich sie denn wirklich kennenlernen, meine sogenannte Mutter? Bis jetzt hatte ich erstaunlich wenig Lust dazu, im Gegenteil, bis jetzt war alles, was ich über sie wusste, zu viel für mich. Einfach zu viel.

Auch wenn Nadja, meine Cousine, äußerst sympathisch auf mich wirkte: Das, was sie erzählte, war alles andere als sympathisch.

Es wirkte, als würde sie von einem fremden Kontinent berichten, bei dem ich keinerlei Reiz verspürte, ihn jemals aufzusuchen.

Obwohl – oder gerade weil – meine »Verursacherin«, ohne sie je gesehen zu haben, mitsamt ihrer Sippschaft eine ordentliche Portion Mitleid in mir hervorrief.

Ich fummelte eine alte Serviette, die ich irgendwann mal eingesteckt hatte, aus meiner Jeans und wischte mir den Mund damit ab. Anschließend warf ich einen Blick zum silbergrauen Volvo, dessen Motor unvermindert brummte.

Drinnen warteten sie. Mohsen und Nadja. Auf mich. Sie hätten es mir nicht verziehen, wenn ich mich durch den Park aus dem Staub gemacht hätte, was ich einen Moment lang ernsthaft überlegte.

Ich stöhnte, verstaute die Serviette wieder in der Hosentasche und trat den Rückweg zum Auto an. Wegen ihnen. Nur wegen ihnen. Nicht wegen mir.

# SINDBAD UND ESMERALDA

Sie sprachen über alte Zeiten, über Perser, die ich nicht kannte, Nächte im Tanzcafé, über Schlägereien, Freundinnen, den ersten und einzigen Whiskey in seinem Leben.

Sie sprachen über das Arbeitsamt, über die Tage in der Werft, die kleine Wohnung der Gastarbeiter über der Disco, in der die Mädchen ein und aus gingen. Über ein Oldenburg, das ich nicht kannte, doch in dem ich entstanden war.

Mohsen lebte auf, es sprudelte aus ihm heraus, Gott sei Dank war die gute Laune zu ihm zurückgekehrt.

Er zog vergilbte Fotos aus seiner Jackentasche, legte sie auf den Tisch. Bilder aus den Siebzigern, kleine Zeitdokumente, auf denen lachende, dunkle Männer zu sehen waren, mit mächtigen Koteletten, Schnurrbärten und langen Haaren. Zusammen mit blonden, kräftigen Mädchen, die rauchten und sich an sie schmiegten.

Er schob sie den beiden Frauen zu, die uns gegenübersaßen und die in ihnen versanken, mit feuchten Augen immer wieder nickten und sich selbst darauf erkannten.

Das waren sie, damals, vor vierzig Jahren, als sie noch jung waren. Vom Ernst des Lebens befreit. Denn das Leben schlug erst später zu. Und das mit voller Wucht.

Ich warf einen Blick auf meine Mutter, die mir »Guten Tag« gesagt hatte, immerhin, und mich ansonsten höflich ignorierte, als wäre ich allenfalls der Sohn von Mohsen, aber nicht der ihre.

Ein Treffen alter Freunde, die sich lange nicht gesehen hatten – das war es, in was ich da hineingeraten war, doch mehr auch nicht. Eine Reise in die Vergangenheit, bei Kaffee und

Kuchen, bei der man sich gegenseitig auf die Schulter klopfte und »Weißt du noch?« fragte: »Weißt du noch, wie es war, als wir zum ersten Mal spazieren gingen?«, »Weißt du noch, wer beim Ausflug an die Nordsee mit dabei war? Parvis oder Hedoyat?«, »Weißt du noch, wie du in der Kneipe aus dem Fenster sprangst?«

Sie fragten einander aus, vergewisserten sich ihrer Erinnerungen, wollten alles genau so wieder herstellen, wie es vermutlich nie gewesen war.

Es gab da nur eine Frage, die sie vermieden wie den Griff in eine freiliegende Stromleitung.

Eine einzige Frage – aber genau die war es, die mich wirklich interessiert hätte: »Weißt du noch, wie es war, als wir unser Kind weggaben?«

Klara, meine Mutter, war eine riesige Frau, größer als ich, so mächtig hatte ich sie mir nicht vorgestellt. Sie überragte Mohsen um mindestens einen Kopf, sie mussten damals ein lustiges Pärchen abgegeben haben.

Ihre kurzen Haare waren einen Tick zu gelb blondiert. Sie trug eine dicke Hornbrille, dazu einen weißen, fransigen Rollkragenpulli.

Auf den ersten Blick war ihr die Behinderung nicht anzumerken, höchstens an den trüben, unbeteiligt wirkenden Augen. Nur, wenn sie den Mund aufmachte, bekam ich es mit.

Dann sprach sie langsam, gedehnt, mit äußerster Vorsicht, als würde sie jedes Wort größtmögliche Überwindung kosten, als hätte sie regelrecht Schmerzen dabei.

Meist hörte sie aber eh nur zu, wenn Mohsen erzählte, minutenlang, und lachte dann unvermittelt auf, ein schepperndes, tiefes, rasselndes Lachen, das sich anfangs nur mühsam vorwagte, als müsste sie sich erst wieder daran gewöhnen, etwas lustig zu finden.

Ihre Zwillingsschwester, die neben ihr saß, hatte tatsächlich das gleiche Lachen, das ein bisschen so klang wie ein in die Jahre gekommener Rasenmäher.

Allerdings wechselten sie sich ab damit, sodass es wirkte, als hätten sie sich verständigt, nie an ein und derselben Stelle zu lachen, wenn Mohsen eine Anekdote zum Besten gab.

Vielleicht ja, um es uns einfacher zu machen, die beiden voneinander zu unterscheiden.

Katharina (»Tante Kathi«) sah meiner Mutter nicht bloß täuschend ähnlich, sondern bewegte sich genauso zeitlupenhaft und redete ebenso gedehnt.

Was sie optisch unterschied, waren nur die paar Kilos, die Klara mehr auf der Hüfte trug, und ein dickes Pflaster an Katharinas Hals, das Relikt einer Stimmband-OP, wie ich im Lauf des Nachmittags erfuhr.

Da saß sie, meine sogenannte Mutter, am festlich gedeckten Küchentisch, in dieser spartanischen Einbauküche im Klinkerbau-Reihenhaus, und vermied es, mich auch nur im Entferntesten anzuschauen.

Oder gehörte das zu ihrer Behinderung? Vielleicht hatte sie Probleme mit Menschen, die sie nicht kannte? War es ihr überhaupt bewusst, dass das ihr Sohn war, den sie da vor Augen hatte? Zum allerersten Mal, seit er ein Baby war? Und der sie daran erinnerte, dass ihr Leben ganz anders hätte verlaufen können?

Aus ihrem Verhalten, ihren Blicken, ihren Bewegungen war das jedenfalls nicht zu schließen.

Dass die drei sich gut verstanden, dass sie wieder zueinandergefunden hatten, nach all der langen Zeit, das freute mich wie ein kleines Kind.

Es freute mich, dass sie so jung miteinander wirkten, als wären es keine vierzig Jahre, die zwischen der letzten und dieser Begegnung lagen, sondern höchstens ein paar Wochen.

Ich freute mich – vor allem für diese Frauen freute ich mich, für »Mama Klara« und »Tante Kathi«, sie schienen sonst nicht viel Abwechslung in ihrem Leben zu haben. Ich freute mich auch für Mohsen, es hatte sich gelohnt für ihn, hierherzukommen.

Über diese ganze, selbstlose Freude hinaus aber fühlte ich mich leer. Lustlos und leer. Ich wusste nicht, was ich hier sollte, obwohl ich das doch eigentlich hätte wissen sollen.

Mir war langweilig, wie einem kleinen Jungen, der das Palaver der Großen bei Verwandtenbesuchen ertragen muss und sein Spielzeug zu Hause vergessen hat.

Und weil ich nichts anderes zu tun hatte, versuchte ich, Ähnlichkeiten festzustellen. Eine Art Spiel: Ähnlichkeiten zwischen ihr und mir, zwischen ihr, mir, meiner Tante und meiner Cousine.

Hmm. Da war die hohe Stirn natürlich, die Glienicke-Stirn. Und vielleicht noch die Augenpartie. Da war vielleicht die Größe, der massive Körperbau. Mehr aber konnte ich nicht erkennen. Oder wollte es nicht. Game over.

Nadja hatte am Anfang noch fleißig versucht, zu moderieren, war bemüht, so etwas wie ein Gespräch zustande zu kriegen, zwischen Mutter und Sohn, stellte Fragen über meinen Beruf, meine Familie, auf die ich kurze Antworten gab, erzählte vom Alltag mit den Schwestern, Geschichten aus der Küche und dem Garten, doch ich spürte, dass meine Mutter nicht in der Lage war, darauf einzugehen.

Sie konnte nicht mit mir reden. Ich überforderte sie. Und dadurch überforderte sie mich.

Da prangte diese unsichtbare, zarte Scheibe zwischen uns, genau in der Mitte des so liebevoll hergerichteten Kaffeetisches, die keiner von uns durchstoßen konnte.

Anders als die Wände, die Mauern, die ich zertrümmert hatte, als ich zum ersten Mal meiner väterlichen Familie in Teheran begegnet war.

Anders als mein erstes Treffen mit Mohsen, zu dem ich seltsamerweise einen Draht besaß, der zwar dünn war, aber immerhin vorhanden.

Meine Mutter hatte mir während des gesamten Nachmittags keine einzige Frage gestellt, mit einer Ausnahme: »Hast du eigentlich Haustiere?« Und diese Frage hatte ich auch noch verneinen müssen. Es war einfach hoffnungslos zwischen uns.

Die Tassen waren leer, der Kuchen aufgegessen. Das Gespräch verebbte. So spannend waren sie dann doch wohl nicht gewesen, die alten Zeiten, als dass sie für mehr als ein paar Stunden Unterhaltung boten.

Mehr und mehr schwiegen wir uns an. Und ich wartete verzweifelt darauf, dass jemand den Mumm besaß, dieses für mich so unselige Treffen endlich zu beenden.

In diesem Moment surrte mein Handy. Ich griff in die Tasche und nahm den Anruf dankbar entgegen.

Es war die Dame von der Busfirma, und sie hatte gute Nachrichten: »Der Koffer mit dem Namensschild Ihres Vaters wurde gefunden! Er war in die hinterste Ecke des Gepäckfaches gerutscht. Sie können ihn sich in unserer Zentrale in Oldenburg abholen. Verzeihen Sie bitte das unangenehme Verhalten unseres Busfahrers. Er war wirklich sehr gestresst. Es wäre toll von Ihnen, wenn Sie von einer Anzeige absehen könnten. Er hat Familie, verstehen Sie?«

Ich antwortete, ich würde es mir überlegen, verabschiedete mich, indem ich versicherte, dass wir den Koffer schnellstmöglich abholen würden, und legte auf.

Mohsen strahlte mich an, er hatte das Gespräch mitbekommen. Erleichtert schlug er mir auf den Oberschenkel. Ich fühlte mich ebenfalls erleichtert. Wegen des Koffers. Und weil wir einen Grund gefunden hatten, umgehend von hier zu verschwinden.

Ich wollte mich gerade erheben, als mich auf einmal Klara mit ihrem Blick fixierte.

Sie rief: »Hamm ja Glück, dass die beiden tot sind!«

Ich blieb sitzen, klammerte mich mit den Händen an meinem Stuhl fest. Wen, zum Teufel, meinte sie? Musste ich darauf etwas erwidern? Ich schaute fragend zu Mohsen. Der wirkte nicht so, als wüsste er mehr.

»Solang sie noch gelebt haben«, ergänzte Klara, »hätte ich euch nicht treffen können! Hochkant aus'm Haus geflogen wärt ihr!«

Sie funkelte mich an. Auf einmal trat ihr mir gegenüber Leben in die Augen.

Nadja warf ihr einen finsteren Blick zu.

»Hör auf, Klara«, flüsterte sie. »Nicht jetzt!«

»Doch, doch«, fuhr meine Mutter ungerührt fort. »Der Mohsen weiß das doch, dass Vadder keine Gastarbeiter gemocht hat. Und Mudder sachte immer: Bring mir bloß keine Ausländerbrut ins Haus!«

Mohsen grinste unsicher.

Nadja sah zu Boden.

»Ausländerbrut«, wiederholte Klara und blickte ins Leere. »Ausländerbrut hat se immer gesacht. Deswegen musste ich ihn weggeben, den Balg. Tut mir heut noch leid. Einen Bastard hätten sie akzeptiert, aber nich so einen. So war das doch, Kathi, oder? Sach du auch ma was!«

»Ja, ja«, stimmte ihr Kathi zu, nickte heftig und blickte ebenfalls in die Ferne, als würde dort ein spannender Film laufen.

Nadja drehte hilflos ihren Kopf zu mir, bemerkte, dass sich meine »Glienicke-Stirn« zusammengezogen hatte, und suchte nach den passenden Worten.

»Naja ... du musst wissen ... Oma und Opa hatten ein wenig ... reaktionäre Ansichten ... Nazi-Erziehung halt ... waren aber sonst ... ganz nett ...«

Sie brach ab, weil sie spürte, dass es keinen Sinn hatte, weiterzusprechen. Wir schwiegen erneut. Eine ganze Weile. Alle.

Das Schweigen wurde unerträglich. Mein Puls raste, besiegte die Langeweile, ich hätte nicht diesen dickflüssigen Kaffee und zwei Stücke der ekelhaft süßen Schwarzwälder Kirschtorte vertilgen sollen, die bäumten sich gerade in meinem Magen auf.

Ich schaute abwechselnd zu meinem Vater, zu meiner Mutter und wieder zurück.

Da waren sie also, die beiden Alternativen meiner Huder Kindheit und Jugend, meine Wunscheltern an Tagen und in Nächten, in denen ich mich unverstanden gefühlt hatte, gemobbt wurde, fremdelte, mit mir selbst und allen anderen, in denen ich nicht wusste, wo ich hingehörte und wer ich überhaupt war.

Da saßen sie: Sindbad und Winnetous Freundin, der Prinz aus Italien und das Mädchen aus dem Land, wo Milch und Honig fließen.

Plötzlich packte mich eine fast schon ins Fleisch schneidende Sehnsucht nach den alten, fantastischen Geschichten, die ich als Kind meinen Freunden erzählt hatte. Die ich nicht nur ihnen hatte glauben machen wollen, sondern auch mir selber. Vor allen Dingen mir selber.

Und die näher, so viel näher dran waren an mir, an meinem Leben, als alles, was ich inzwischen über meine »wahre« Herkunft, über meine »wirklichen« Eltern wusste.

Ich war froh, dass ich die Kraft fand, endlich aufzustehen. »Komm, Mohsen«, sagte ich. »Es ist besser, wenn wir gehen.«

# EPILOG

Ich stehe an der Türschwelle dieses stickigen Zimmers, in dem es Jahre her sein muss, dass jemand gelüftet hat.

Ich betrachte die verschnörkelten Holzstühle, in deren Lehne jeweils ein Loch in Form eines Herzens prangt, den Tisch aus Nussbaum, den dunkelbraunen, blümchenverzierten Kleiderschrank, den mit Fußballer-Stickern übersäten Bettkasten und den verschlissenen, khakifarbenen Teppich, der all diese reizenden Möbelstücke auf sich trägt.

Die ebenfalls hölzernen Rollläden bedecken die Fenster zur Hälfte, obwohl es mitten am Tage ist, und die Sonne weiß Gott nicht so präsent, dass man sich vor ihr schützen müsste. Und mir schwant, dass es einen anderen Grund geben muss, warum dem Licht in diesem Zimmer keine Chance gegeben wird.

»This is it«, sagt die alte, zierliche Frau neben mir in schlechtem, bemühtem Englisch und versucht dabei ein krummes Lächeln. »This is the room of my son!«

Die alte Frau hat uns am »Lageso« aufgesammelt, am »Landesamt für Gesundheit und Soziales«, wo seit Monaten chaotische Zustände herrschen.

Hier, vor diesem Mekka der Berliner Ämter, wo Tag und Nacht Schlangen von Flüchtlingen versuchen, ihrer Situation Herr zu werden, Einlass zu bekommen, um den so heiß ersehnten Asylantrag in Deutschland zu stellen und dazu etwas Aufenthaltsgeld zu ergattern, was das Überleben der nächsten Tage sichern soll, haben sich die Menschen häuslich niedergelassen.

In provisorischen Zelten oder einfach nur mit Schlafsäcken

und Decken, eingehüllt, eingemummelt, um sich gegen die aufkommende Herbstkälte zu schützen.

Mitten auf dem Platz hat die Stadt zwar ein riesiges Wohnzelt errichtet, aber das reicht bei Weitem nicht aus, um alle Ankommenden unterzubringen, deren Zahl stetig steigt.

Tagelang schon flimmerten mir die Bilder vom »Lageso« entgegen, wenn ich meinen Fernseher anschaltete. Die Bilder von Menschen, die im Freien, in fortschreitender Kälte, übernachteten und nicht im Entferntesten dafür präpariert waren.

Menschen, die nach monatelanger Flucht aus ihren Heimatländern kaum noch Eigentum besaßen, von frischer Wäsche ganz zu schweigen.

Menschen also, denen es am Nötigsten fehlte, und auch Bilder von ihren Helfern, die durch Dutzende, täglich neu ankommende Flüchtlinge schlicht und einfach überfordert waren.

Ich sah diese Bilder und überlegte nicht lange. Da musste man etwas tun! Da konnte man nicht zuschauen! Da war jeder Einzelne von uns gefordert, als Bürger eines Landes, dem es gut ging, als Mensch!

Ich kramte in meinem Klamottenschrank, warf alles, was ich auch nur im Mindesten entbehren konnte, in einen blauen Ikea-Sack, nahm Marius, meinen Dreijährigen, der mir beim Zusammenräumen kräftig geholfen hatte, an die Hand und machte mich mit der U-Bahn auf den Weg zur Turmstraße, der »Lageso«-Haltestelle.

Bepackt nicht bloß mit dem über die Schulter gehängten Ikea-Beutel, sondern zusätzlich noch mit einem bis zum Anschlag gefüllten Rucksack irrte ich mit meinem Söhnchen durch die Menschenmassen, auf der Suche nach einer jener offiziellen Stellen, wo ich meinen guten Willen in die Hände von ansatzweise organisierten Helfern übergeben könnte.

Und als ich zusammen mit meinem Kleinen zum ersten Mal stehenblieb, mich Hilfe suchend umschaute, um mich zu orientieren, da geschah es. Von hinten tippte mir jemand an die Schulter. Ich drehte mich um und sah eine kleine, etwa achtzigjährige, hagere Frau mit kurzen grauen Haaren und verschmitztem Gesichtsausdruck.

»You!«

Damit zeigte sie mit dem Finger auf uns.

»Come with me!«

Dann wedelte sie mit der Hand, als Zeichen, dass wir ihr hinterhergehen sollten, wies uns einen Weg durch die Menschenmenge, wanderte einige Meter voran und kontrollierte alle paar Schritte mit strengem Blick, ob wir auch brav folgten.

»Thank you!«, rief ich lächelnd und war mir sicher, die Frau würde uns zu einem Ort führen, an welchem wir unsere Spenden abgeben könnten.

Doch als sie sich immer weiter vom Landesamt entfernte, weiter weg vom Menschen-Chaos, sogar eine Kreuzung überquerte, war ich mir dessen nicht mehr sicher.

»Excuse me!«, probierte ich, die seltsame Frau ein weiteres Mal zu erreichen, die mich nicht zu hören schien, weil sie immer noch ein ziemliches Stückchen vor uns lief.

Aufholen konnte ich nicht, da ich ja Marius an der Hand führte, der mit seinen kurzen Beinchen für seine Verhältnisse schon im Dauerlauf schritt.

»Where do you want to go?«, schrie ich über die Kreuzung.

»Follow me, please, follow me!«, schrie die alte Frau zurück.

Sie drehte sich zu uns und lächelte, bevor sie gnadenlos weitermarschierte.

Plötzlich jedoch stoppte sie vor einer mit Graffiti besudelten Glastür eines Altbauhauses, kramte aus ihrer Handtasche einen Schlüsselbund hervor und schloss sie auf.

Mittlerweile hatten Marius und ich die Tür ebenfalls erreicht.

»Please!«, sagte die Frau grinsend und schnaufte dabei ähnlich, wie wir zwei es taten. »I want to show you something special! Please!«

Sie winkte uns eifrig, nachdem sie in den Flur getreten war. »Come in!«

Ich stutzte. Was war denn das? War die Alte etwa eine Hexe, die uns in ihr Knusperhäuschen entführen wollte? Die Sache kam mir äußerst suspekt vor.

Wäre sie mir nicht auf Anhieb auf eigenartige Weise sympathisch gewesen, hätte ich zusammen mit Marius auf der Stelle das Weite gesucht.

Denn auch mein Söhnchen, sonst eher Rabauke und Haudrauf, zeigte sich mehr und mehr von seiner verschüchterten Seite und schmiegte sich schweigend an mein Bein.

So aber wuschelte ich ihm nur über die Haare und folgte der alten Frau ins Treppenhaus.

Wer weiß, dachte ich. Vielleicht hatte sie bloß vor, dem Kleinen ein paar Süßigkeiten zu geben.

Wir wanderten über die Stiege, und schon im ersten Stock schloss die Dame eine Wohnung auf und trat hinein. Ich blieb mit Marius am Eingang stehen. So ganz traute ich dem Frieden dann doch nicht.

»Hier ist es«, sagte sie und öffnete eine weitere Tür, diesmal eine zu jenem riesigen Holzraum.

Und wandte sich zu uns: » This is the room where you can live! It's better for you and your son as in front of the Lageso!«

Und nun betrachte ich den Raum und muss unvermittelt schmunzeln. Jetzt verstehe ich, was das Ganze soll.

Diese Frau hält uns, die wir, bepackt wie auf einer langen Reise, offensichtlich relativ hilflos wirkend, eigentlich wohnungslosen Flüchtlingen helfen wollten, doch tatsächlich selber für wohnungslose Flüchtlinge!

Ich blicke die alte Dame an, die mich unverwandt anstrahlt, weil sie weiß, dass sie gerade etwas Gutes tut.

Und plötzlich überkommt mich das Bedürfnis, diese kleine Frau zu umarmen. Und genau das mache ich auch. Ich schlinge meine Arme um sie und drücke sie an mich.

Dann lasse ich sie los und sage lächelnd: »Sie brauchen kein Englisch mit mir zu sprechen.«

»Nicht?«, lacht sie. »Na, Gott sei Dank! Das fällt mir nämlich auch ziemlich schwer!«

Sie wendet sich dem hölzernen Raum zu und wirkt auf einmal ernst.

»Hier hat mein Sohn gelebt. Bis vor zwei Jahren. Er war sehr schwer krank und ist gestorben. Auch mein Mann ist schon lange tot. Ich lebe hier ganz allein und weiß überhaupt nicht, was ich mit so viel Platz in der Wohnung anfangen soll.«

Sie schaut mich an.

»Ich brauche kein Geld von Ihnen oder dem Staat. Sie wirken so nett mit Ihrem süßen Kleinen. Sie können hier so lange bleiben, bis Ihr Asylantrag durch ist und Sie was Ordentliches gefunden haben. Ich möchte nur ...«

Ihre Stimme bricht. Sie blickt zur Seite, und ich entdecke, dass ihre Augen vor Tränen glänzen. Ich krame ein Taschentuch aus der Hose hervor und biete es ihr an. Sie nimmt es dankbar entgegen und schnaubt hinein.

»Ich möchte nur«, fährt sie fort, nachdem sie sich wieder gefangen hat, »ein bisschen nützlich, ein bisschen behilflich sein, verstehen Sie das?«

Ich lächle sie an. Sprechen kann ich nicht. Ich habe das Gefühl, dass das Beste, was ich jetzt tun kann, ist, ihr einfach zuzuhören.

»Wissen Sie«, sagt sie. »Ich bin selber geflohen, aus Ostpreußen, damals nach dem Krieg. Ich weiß, wie Sie sich fühlen müssen. Und erst recht der Kleine!«

Sie beugt sich zu Marius hinunter und fährt ihm ebenfalls mit der Hand über den Lockenkopf.

Der klammert sich wieder schüchtern an mein Bein und fixiert die fremde Dame mit seinen großen, braunen Augen.

»Danke«, erwidere ich. »Das ist wirklich unglaublich freundlich von Ihnen. Wir überlegen es uns. Am besten, Sie geben mir Ihre Telefonnummer, und wir rufen Sie dann an, wenn wir ... wenn wir da unten alles erledigt haben.«

Sie nennt mir ihre Festnetznummer, ich notiere sie in meinem Handy und plane, sie an der zuständigen Stelle zusammen mit meinen mitgebrachten Klamotten abzugeben. Für wirkliche Flüchtlinge, die diese Wohnung dringender brauchen als wir.

Ich drücke ihr zum Abschied die Hand, nötige meinen Kleinen dazu, es ebenfalls zu tun, und mache mich mit ihm auf den Weg zurück ins Treppenhaus.

Eigenartig, dass ich bis jetzt nicht ansatzweise das Bedürfnis verspürt habe, dieses seltsame Missverständnis aufzuklären. Aber es gibt wohl Situationen, da ist jedes Wort zu viel.

Tatsache ist, dass ich bisher nie in meinem Leben so liebevoll, so charmant und gleichzeitig so tieftraurig für etwas gehalten wurde, was ich nicht bin. Und mein kleines Söhnchen noch dazu.

Wir haben die ersten Stufen schon genommen, da will sie, im Türrahmen uns verabschiedend, dann doch noch etwas wissen.

»Verzeihen Sie, wenn ich so dreist bin und das frage ...«

Sie räuspert sich.

»Ich weiß nicht, ob mir das zusteht ...«

»Tun Sie sich keinen Zwang an!«, erwidere ich lachend. »Fragen Sie ruhig!«

»Nun gut, es geht mich ja nichts an, aber ... aber ...«

Endlich nimmt sie sich ein Herz. Sie mustert uns beide ein letztes Mal und fragt erstaunt: »Woher können Sie eigentlich so gut Deutsch?«

# NACHTRAG

Ich habe hier von einigen skurrilen, witzigen und zuweilen auch bitteren Geschehnissen erzählt, die mir aufgrund meiner Erscheinung und äußeren Projektion bisher widerfahren sind. Dabei möchte ich darauf hinweisen, dass diese Erfahrungen vor dem Hintergrund meiner eigenen, sehr speziellen Geschichte wohl nur einen Bruchteil dessen darstellen, was Menschen mit dunkler Hautfarbe, fremdländischem Namen oder gebrochenem Deutsch tagtäglich in diesem Land erleben. Ich selbst bin mir bewusst, dass ich kraft meiner Sozialisation, meines Namens und meines Passes ein ausgesprochen privilegiertes Leben führe – in einer Gesellschaft, die trotz betonter Weltoffenheit immer noch einen großen Unterschied macht zwischen denen, die unkompliziert dazugehören, und den Millionen, denen das quasi per Geburt, ethnischem oder sozialem Hintergrund, kulturellen Barrieren oder falscher Staatsangehörigkeit erschwert ist. Und rühmliche Ausnahmen bestätigen da nur die Regel.

# MATHIAS BEDANKT SICH ...

... und zwar bei allen, die mich zum Schreiben dieser Texte inspirierten – ob positiv, ob negativ. Und natürlich bei denen, die offene Ohren und Augen für mein Projekt hatten, und sich teilweise sogar näher damit beschäftigten. Das sind vor allem Dr. Tina Lauer, Falk Osterloh, Dr. Dirk Olaf Hanke, Reinard Dörpinghaus und Heidi Caviezel. Ihr seid toll, habt mich bestärkt, kritisiert, aufgebaut und bestätigt. Und nicht zuletzt danke ich meinen treuen und vertrauenswürdigen Agenten Mariam und Thomas Montasser, meiner wunderbaren Lektorin Cindy Witt und dem gesamten Lübbe-Verlag – unter anderem für den Mut, dieses Buch mit ins Programm zu nehmen.